本书为湖南师范大学道德文化研究中心、中国特色社会主义道德文化
哲学系学科经费资助研究成果。

普兰丁格
对恶难题的
辩护

尹　哲◎著

湖南师范大学出版社

· 长沙 ·

图书在版编目（CIP）数据

普兰丁格对恶难题的辩护 / 尹哲著. —长沙：湖南师范大学出版
社，2021.11
ISBN 978 - 7 - 5648 - 4380 - 9

Ⅰ. ①普…　Ⅱ. ①尹…　Ⅲ. ①普兰丁格—基督教—宗教哲学—研究　Ⅳ.
①B978

中国版本图书馆 CIP 数据核字（2021）第 222159 号

普兰丁格对恶难题的辩护
Pulandingge dui E Nanti de Bianhu

尹　哲　著

◇出　版　人：吴真文
◇组稿编辑：李　阳
◇责任编辑：李健宁　李　阳
◇责任校对：张晓芳
◇出版发行：湖南师范大学出版社
　　　　　　地址/长沙市岳麓区　邮编/410081
　　　　　　电话/0731 - 88873071　0731 - 88873070
　　　　　　网址/https：//press. hunnu. edu. cn
◇经销：新华书店
◇印刷：长沙雅佳印刷有限公司
◇开本：710 mm×1000 mm　1/16
◇印张：11.75
◇字数：200 千字
◇版次：2021 年 11 月第 1 版
◇印次：2021 年 11 月第 1 次印刷
◇书号：ISBN 978 - 7 - 5648 - 4380 - 9
◇定价：68.00 元

凡购本书，如有缺页、倒页、脱页，由本社发行部调换。
投稿热线：0731 - 88872256　**微信：**ly13975805626　QQ：1349748847

序

阿尔文·普兰丁格（Alvin Plantinga）是美国当代著名的宗教哲学家之一。他在归正宗认识论（Reformed Epistemology）及神义论方面所做的工作，吸引了一批美国年轻一代的哲学家，形成了探讨这些哲学或认识论问题的新学派，以致《时代》周刊于1980年将普兰丁格誉为"全美基督教哲学的领军人物"。不过普兰丁格的影响力并非限于宗教哲学或基督教哲学领域，他所探讨的无论是认识论问题还是神义论问题，其实都已经是当代哲学领域中的重要问题，而他的重要贡献就在于，他能够使用英美流行的分析哲学的语言把他从宗教哲学中得到的启发融入他所讨论的当代哲学问题中，使他能够构建起来超过一般英美分析哲学视野的思想体系。或许正是因为他对当代哲学领域的这种影响，他在1981—1982年被选为美国哲学学会西部分会的主席。

普兰丁格的思想20世纪90年代末就被介绍到中国。他本人也曾数次来到中国进行学术交流。在这个方面，北京大学成为研究这个思想学派的重镇。2004年10月19日，在北京大学哲学系主办的第十届中美哲学与宗教学研讨会上，普兰丁格发表了他的论文，并且与在场的中国哲学家们有非常好的交流。对普兰丁格思想研究有重大影响的事情当数他的代表作《基督教信念的知识地位》（*Warranted Christian Belief*）在国内出版，① 这是由北大哲学系组织翻译并由北大出版社出版的。另外，笔者发现北大的同门师弟梁骏博士所著的《普兰丁格的宗教认识论》，② 对于普兰丁格的认识论思想给予了系统的梳理与介绍。不过，总体来说，到目前为止，对普兰丁格思想的介绍与研究还主要集中在他的认识论思想，而对于他的同样重要的神义论思想的研究则比较少。近年来才看到一些研究成果的出现，并逐渐成为当下对普兰丁格思想研究的重点。

相比之下，尹哲博士对普兰丁格神义论思想的研究其实走在了前面。2006 年，尹哲博士还在中国人民大学哲学院读硕士期间，就已经开始研究普兰丁格的神义论思想，并且随后在其攻读博士期间继续在这个主题上有更深的研究。2008 年，在笔者的推荐下，尹哲博士参加了由加尔文大学哲学教授克拉克（Kelly James Clark）所组织的哲学研修项目，赴圣母大学（University of Notre Dame）研修一年。普兰丁格自 1982 年起在这所大学的哲学系任教，直到 2009 年荣休。普兰丁格在此二十多年的教学与研究，已经在这所大学的哲学研究领域留下了深刻的印记。相信尹哲博士在此一年有指导的研修中，一定会得到一手的资料与指导，在神义论研究上得到普兰丁格及这个学派思想的真传。

神义论（Theodicy）这个概念虽然到莱布尼兹（Gottfried Wilhelm Leibniz）时期才提出，但其中涉及的苦难与恶的问题却是无论东方还是西方哲学思考中一直都在探讨的问题，就如尹哲博士本书第二章开篇所引述的伊壁鸠鲁（Epicurus）所提出的那个著名的问题："罪恶是从哪里来的呢？"近代以来在哲学领域发生了"认识论转向"之后，对认识论问题的探讨一直把"真理问题"与"价值问题"分开，并将苦恶问题归为后者，好像仅仅是伦理学层面的问题。其实，与对真理问题的思考一样，关于苦恶的问

---

① 普兰丁格. 基督教信念的知识地位 [M]. 邢滔滔，徐向东，张国栋，等，译. 北京：北京大学出版社，2004.

② 梁骏. 普兰丁格的宗教认识论 [M]. 北京：中国社会科学出版社，2006.

题同样是人类最为深层的生存体验，并因此是最为古老与形而上的哲学问题。二十世纪在欧陆哲学领域中发生的"生存论转向"就打破了这种划分。当然，普兰丁格还是在英美分析哲学的传统中，但他的工作同样表明，关于人类生活中的苦恶问题确实是哲学思考所当触及的基本问题，并且他所使用的分析哲学的工具同样可以处理这些问题。他用逻辑分析充分地论证了，恶的存在，和一位全能、全知、全善的上帝存在，二者之间并不存在任何逻辑上的冲突。这个结论让人们有可能站在一个全新的角度来看伊壁鸠鲁所提出的那个著名的问题数千年来所带给人们的困惑——如果全能的上帝存在，为什么这世界还有苦恶？

如果读者有兴趣了解关于苦恶问题的哲学讨论，特别是普兰丁格在这个领域中所做出的上述贡献，还需要阅读尹哲博士所写的这本书。尹哲博士不仅对这个主题有多年深入的研究，同时他的清楚的论述也会有助于读者对这个问题的理解。尹哲博士在人大哲学院读硕士与博士期间，就显出他对英美分析哲学的浓厚兴趣，多年在分析哲学领域中所接受的训练，使得他的思考及写作具有分析哲学家们所常有的那种条理清晰的特点。同时，多年关于苦恶问题的思考，又使他能够不陷于技术上过于枯燥的逻辑论证，而能够把一个与此主题相关的脉络清楚地呈现出来，让那些没有受到分析哲学训练的读者也能够看得明白。或许在一点上，尹哲博士多少受到了普兰丁格本人学术及写作风格的影响。相信并且期待他的这本书对于汉语思想界了解普兰丁格的神义论思想，无论是对于专业的学者还是普通的读者，都会带来无法替代的重要贡献。

孙 毅
于中国人民大学

目　录

第一章　导论 ……………………………………………… （1）

　　第一节　普兰丁格：上帝的哲学家 …………………… （3）

　　第二节　主要哲学立场 ………………………………… （7）

　　第三节　研究现状 ……………………………………… （23）

第二章　普兰丁格论神义论 ……………………………… （28）

　　第一节　辩护方案与神义论的区别 …………………… （30）

　　第二节　辩护方案与神义论共同的不足 ……………… （34）

　　第三节　普兰丁格理解的约伯 ………………………… （37）

第三章　自由意志辩护 …………………………………… （40）

　　第一节　可能世界与上帝 ……………………………… （40）

　　第二节　自由意志 ……………………………………… （48）

　　第三节　自由意志辩护的过程 ………………………… （50）

　　第四节　自由意志辩护的完成 ………………………… （68）

第四章　建立在保证理论基础上的宗教认识论辩护 …… （73）

　　第一节　知识是保证了的真信念 ……………………… （74）

　　第二节　从 A/C 模型到否决因子 …………………… （77）

第三节 对证据式反一神论的回应 …………………………（86）

第四节 对非论证式的否决因子的回应 …………………（93）

第五章 追踪和评论 ………………………………………（98）

第一节 普兰丁格与西方哲学史中的"恶的问题" ………（98）

第二节 普兰丁格对汉语思维的意义 ……………………（110）

参考文献 ……………………………………………………（115）

附录一 普兰丁格自传 ……………………………………（121）

附录二 堕落前预定论或者因罪得福 ……………………（155）

后记 …………………………………………………………（176）

第一章

导论

普兰丁格（Alvin Plantinga，1932—）认为他的宗教哲学属于基督教哲学范畴，其主要职能是阐明：从哲学的观点看，基督教并不一定是非理性的。他曾有过这样的自白："我的哲学不仅是学术上的，我时时刻刻都铭记着自己的身份。……虽然我理解基督教时包含着许多智性的因素，但我仍从上帝对我的临在当中获得不少。"① 应当说，普兰丁格思想比较显著的特点就是秉承了许多归正宗学者一贯的、重视信仰的精神。

普兰丁格生活在第三次科技革命浪潮兴起的时代，但他认为科技飞跃并没有对合理地相信一神论教义产生比较重大的影响。萦绕在他心上的仍是下面三个古老诘难：第一，很难找到一种非循环论证的方式和证据来支持上帝存在这一命题，这使得人们以为上帝是虚构的或干脆就是毫无意义；第二，有为数众多的恶的存在，这使得上帝全知、全能、至善的属性受到了质疑，进而怀疑到上帝的存在；第三，如果你尊敬的许多人都不是基督徒，那你是否应该怀疑自己的信念？② 普兰丁格认为自己作为一个基督徒学者的主要使命是要从哲学上说明上述三个诘难是如何对基督教信念无效的。20世纪90年代以前的普兰丁格自认为，他的第一部作品《上帝与他心》基

---

① PLANTINGA A. Alvin Plantinga—Self-Profile ［M］//TOMBERLIN J E，VAN INWAGEN P. Alvin Plantinga. Holland：D. Reidel Publishing Company，1985：33.

② PLANTINGA A. Alvin Plantinga—Self-Profile ［M］//TOMBERLIN J E，VAN INWAGEN P. Alvin Plantinga. Holland：D. Reidel Publishing Company，1985：34.

本上解决了第一个问题，第二部作品《上帝，自由与恶》完成了对恶的问题的自由意志辩护；对于第三个问题，普兰丁格认为宗教理论观点上的分歧确实存在，但这只是人类社会的一部分，因为实践生活也同样重要，"虽然我很尊重你，但我也不一定就要怀疑自己的信仰生活"。①

在他的一部总结性著作——《基督教信念的知识地位》一书中，普兰丁格综合新近情况对反一神论者的方法做了更成熟分析，他认为自启蒙运动以来，在西方话语系统下，一神论信念至少面临两种反驳方式：一种是事实性（De Facto）反驳，即对于基督教信念真实性的反驳，认为基督教信念根本就是假的，而其中最重要的就是根据苦难与恶的事实进行的反驳；另一种是规范性（De Jure）反驳，这种反驳并不直接断定基督教信念的真假，而只是强调，若接受一神论信念，无论如何是不可辩护的（unjustifiable），或是在理智上不可接受，或是没有足够证据。退一步说，即使基督教信念是真的，接受这一信念的过程也不符合某种应当遵守的认知"规范"，是非理性的表现。

这两种反驳，前者是从本体论层面（恶是不是一个终极的实在，如果不是，它为何存在），后者则从认识论角度（我们的认识是否被迷信所蒙蔽），联合对一神论信念发出质疑。虽然后者以其精致的形式使得人们会误以为这不过是一个时髦的认识论问题，但普兰丁格却看得清楚：规范性反驳也事先预设了基督教信念为假，是建立在"不信"的前提下。如他所说："因此，它们根本不是不依赖于事实性反驳的像样的规范性反驳。一切都依赖于基督教信念的真实性。"②

普兰丁格在此强调了信仰对学术研究的引导作用，是不同的信念及相应的看待世界的不同眼光，才导致了对规范性问题的不同理解。因此，基督教哲学的重心应当放在对恶问题的处理上，只有对基于恶事实的反驳做出有效回应，基督教的哲学辩护才能在一定意义上获得成功。

---

① PLANTINGA A. Alvin Plantinga—Self-Profile［M］// TOMBERLIN J E，VAN INWAGEN P. Alvin Plantinga. Holland：D. Reidel Publishing Company，1985：34.

② PLANTINGA A. Warranted Christian Belief［M］. New York：Oxford University Press，2000：viii.

当然，普兰丁格并非认为自己在从事一项"客观""中立"的研究，他在此也许只是想要人意识到这样一种未经审视的假定：反一神论者已解开了权威的枷锁，他们在从事着一项客观性较高的工作。真实情况可能是这样：在规范性问题上，双方都处于平等位置，各自的表面规范都受到各自信念的影响。

第一节　普兰丁格：上帝的哲学家

20世纪三四十年代，随着逻辑实证主义的兴起，有关上帝的命题被认定为一种无意义的言说而遭到英美分析哲学圈的拒斥，这一情况从六七十年代逐渐开始转变。1980年美国《时代》周刊指出："一场思维与论证的革命正在悄然进行，上帝正从尘封的记忆中回归。最令人惊奇的是，这场革命的主要发起者或参与者不是狂热的信徒或满腹经纶的神学家……而是大学建制内的学院派哲学家。"①

上述变化就理论层面而言，一定程度上是受到了"归正宗认识论"（Reformed Epistemology）运动的影响。顾名思义，这是一场主要由一群有归正宗（也称为加尔文宗）背景的基督教哲学家所倡导的认识论变革，重点关注宗教信念（特别是一神论信念）的正当性问题。他们要求重新审查笛卡儿（René Descartes，1596—1650）以来在认识论中居主导地位的基础主义（Foundationalism）与证据主义（Evidentialism）对一神论信念的质疑。在他们看来，这些质疑长期以来已在现代人心中形成一种先入为主的流行观念：一神论信念是一种非理性的信念。随之而来的是"疑"被贴上理性的标签，"信"成为不成熟、不理智的表现，越来越多的知识分子开始倾向于赞同，似乎只有怀疑得愈多、批判得愈多，方可维护理性的尊严。

普兰丁格便生活在这样一个理性主义盛行的世代。作为一名荷兰归正

---

① BAKER D-P. Alvin Plantinga［M］. New York：Cambridge University Press，2007：1.

宗后裔的哲学家，他的血液里也许天然就流淌着一种使命，诚如学者贝尔比（James Beilby）所言："神学上的预设与委身是普兰丁格哲学工作的原动力。他不是一位宗教哲学家，他是一位以哲学为工具来澄清其信仰的基督徒。"① 所以，冰冷的逻辑符号没有冷却他的激情，普兰丁格仍充满了关注人类生存状态的诚挚情怀。与两千年前的某些希腊教父不谋而合的是，他们都着重利用所处时代流行的思维和言说方式来捍卫基督教信仰的合理性。殉道者游斯丁究其半生致力阐明，基督教是真哲学，为基督教迈入罗马文化中的高雅阶层奠定了理论基础。在此也不妨说，作为归正宗认识论运动的领袖，普兰丁格建立了一套新的宗教认识论体系来论证，基督教信念是一种真知识，以减少或消解现代人对有神论信念在心智上所存在的隔阂与抗拒。

普兰丁格成长在一个典型的北美归正宗家庭。时光还要回溯至近两百年前。1834 年，因为不满当时荷兰国家教会中所盛行的自由主义神学，以及虔诚尽失而泛滥的形式主义，荷兰人民掀起了一场史称"1834 年大脱离"的宗教运动，许多会众纷纷退出原来的国家教会，转而致力于实践加尔文主义（Calvinism）的教义。由于受到官方教会的迫害，为寻求宗教自由，一部分荷兰人民陆续移民至新大陆，形成了今日北美归正宗的重要一支。普兰丁格就拥有这样一个渊源。这一派至少有两个重要观点影响了以普兰丁格为代表的归正宗学者：其一，宗教生活观。他们将宗教置于生活的方方面面和中心环节，宗教不只是一个人隐秘的私人生活，也不只限于在礼拜天时去教堂敬拜；宗教就是生活的中心实在，人们应当将其贯穿于生活中的每一个环节。换言之，宗教与生活，生活与宗教本来就是丝丝入扣、不可切割的。脱离了宗教的生活如同行尸走肉，而宗教教义也只有在实践生活中彰显出来方才达成其意义。其二，教育宗教观。他们认为，教育从本质上而言都无法摆脱某种宗教性，当前的人文教育亟须如实地传授基督

---

① BEILBY J. Epistemology as Theology：An Evaluation of Alvin Plantinga's Religious Epistemology [M]. Burlington：Ashgate Publishing Company，2005：vii.

教对于各个学科的影响及意义。那种所谓在宗教上中立又完全公正客观的教育是不存在的。当世俗化教育对各学科进行"祛魅",也就是单单只从学科本身来阐述该学科的发展时,实际上就已经抹杀了历史上客观存在过的基督教世界观对这些学科的导向意义。从这一角度而言,脱离了神学语境的世俗教育恰恰有其非客观的一面。因此,归正宗比较重视创建独立的中小学乃至大学以完成对子女的教育。目前比较著名的荷兰归正宗大学有创建于 1905 年的荷兰阿姆斯特丹自由大学(Free University)。而位于密歇根州第二大城市大湍城(Grand Rapids)的加尔文学院(Calvin College),则是北美加尔文宗的重要学科基地,它也对普兰丁格的学术生涯产生了重要影响,① 普兰丁格曾数次放弃他处更优厚的待遇条件而返回加尔文学院,其可称为普兰丁格学术地图中的一座天然港湾。

普兰丁格的父亲曾任加尔文学院的教师,在其父的启发教育下,普兰丁格在孩童时期便受到过哲学(主要是柏拉图对话录)及古典语言(主要是拉丁语)的熏陶。中学时代的普兰丁格是热爱运动的阳光男孩,尤其喜好美式橄榄球、篮球与网球。结婚后受其夫人(亦是荷兰归正宗移民后裔)的影响,也迷上过登山,为此几乎登顶过美国的主要山脉。在加尔文学院取得学士学位之后(其间曾在哈佛待过一个半学期),普兰丁格分别在密歇根大学与耶鲁大学继续其研究生学业。在密歇根大学,他遇见了被他称为"一生的导师、楷模及朋友"的阿尔斯通(William Alston,1921—)。在耶鲁,他问学于维斯(Paul Weiss)和布兰夏德(Brand Blanshard,1892—1964)门下,并于 1958 年以《伦理学与形而上学的自然主义》(*Ethics and Metaphysical Naturalism*)一文获得博士学位。该论文的主要观点是,如果自然主义为真,则人类社会不可能演化出真正意义上的道德责任。普兰丁格认为,自然主义可以解释为什么人们会赞赏或厌恶某些行为,但它无法解释真正意义上的道德"应然",只有前设了上帝及类似的超越性存在才能为

---

① PLANTINGA A. Alvin Plantinga—Self-Profile [M] // TOMBERLIN J E, VAN INWAGEN P. Alvin Plantinga. Holland: D. Reidel Publishing Company, 1985: 4.

绝对道德命令提供本体论上的基石。换言之，真正的绝对道德命令只能由一个超自然的人格存在来颁布，但由于自然主义否定这样的超自然人格存在，因此它不能说明道德义务的终极来源。①

当时逻辑实证主义还把持着美国主流大学哲学系，所以对于普兰丁格而言，一方面是学识上的精进，一方面却是原有的纯正信念在不断地受到冲击。普兰丁格坦陈，在哈佛学习期间，曾由于关于宗教议题如此多样化的见解而深感困惑，甚至怀疑也曾在他心中滋生，直到一天傍晚在他从食堂返回宿舍的路上，天生异象，普兰丁格后来为我们描绘了他当时所见到的场景：

> 突然间，天空好似被撕开，传来了有如天籁之声的音乐。一道奇光照亮了我的双眼，似乎我已能看透苍穹，于是我恍然醒悟，主耶稣已在我的眼前澄明，他是如此的分明、刚毅及坚定，以至于这就是我的全部所恋。②

普兰丁格事后回忆，从那刻起，与这一宗教经验相比，那些支持或反对上帝实存的论证就仅剩学究层面上的外壳，而全无了实在的色彩。但不可否认，在美国一流大学的经历促使普兰丁格开始认真思考针对基督教的各种异议，并尝试用一种反对者可接受的学理方式来回答他们；更重要的是，它进一步坚定了普兰丁格从孩童时期便持有的哲学观：哲学要与人生中的切身问题及宗教上的委身相关联，哲学最终必须切入到这些事情的实质，后面将会看到，这一设想在普兰丁格这位归正宗学者身上就体现为将哲学变成了一种基督教的护教学。

从耶鲁毕业后，普兰丁格先是在韦恩州立大学哲学系执教，在这里，

---

① BEILBY J. Epistemology as Theology: An Evaluation of Alvin Plantinga's Religious Epistemology [M]. Burlington: Ashgate Publishing Company, 2005: 9.

② PLANTINGA A. A Christian Life Partly Lived [M] // CLARK K J. Philosophers Who Believe: The Spiritual Journeys of 11 Leading Thinkers. Downers Grove: InterVarsity Press, 1993: 51.

他与同事经常讨论维特根斯坦的私人语言论证及模态哲学问题。1963 年他回到加尔文学院，开始了在此长达 19 年的执教生涯。1982 年调往位于印第安纳州南湾市（South Bend）的圣母大学（University of Notre Dame）哲学系，这是一所天主教性质的大学。之所以离开加尔文学院来到圣母大学，是因为普兰丁格希望与更多高水平的哲学研究生来分享他对宗教哲学或基督教哲学的认识。目前北美有几位活跃的哲学家就是普兰丁格培养出来的学生，如普度大学的伯格曼（Michael Bergmann），圣母大学的雷（Michael Rea）等。普兰丁格 2010 年从圣母大学荣休之后，再次返回大湍城的加尔文学院执教，由此可见他心中的加尔文情结及对其信仰的坚贞委身。普兰丁格也曾多次来到中国进行学术访问，特别是与北京大学哲学系建立了良好的合作关系。目前普兰丁格的学术身份是美国加尔文学院的名誉教授。

第二节　主要哲学立场

我们提到，普兰丁格的宗教哲学主要是在与对基督教信念异议的争论中提出和发展的，在此只介绍几个有代表性的立场。

一、宇称论证：上帝与他心

完成博士论文后，普兰丁格开始系统思考一系列的护教学议题，如本体论证明、证实主义及恶的难题。这一思考的阶段性成果是 1967 年由康奈尔大学出版社刊行的《上帝与他心》（*God and the Other Minds*，1967）。在该书中，普兰丁格详细探讨了基督教信念在理性上的可接受性。通过深入考察思想史中传统的上帝实存证明（如本体论证明、宇宙论证明、目的论证明），普兰丁格承认这些证明并没有完全成功。但普兰丁格随后指出，传统的反一神论证明（恶的难题、证实主义以及上帝的全知悖谬）也同样存在各种缺陷。因此，审慎的结论应当是，相信上帝的信念既不能被证实，也不能被证伪。① 那么，究竟该如何判断相信上帝这一信念的认知地位呢？普兰丁格认为，可以通过将对上帝的信念与其他一些信念（如相信他心存在的信念）进行比较来得出结论。他心存在问题是心灵哲学中的一道棘手难题：既然某人无法感知到他人的思想与情感，则他何以知道他人确实有思想与情感？若知道，又怎样以一种非循环论证的方式来证明？有哲学家提出类比论证，这是一种"由我及他"的类比推理方式。假设"我"在某种心灵状态下（如生气）将会呈现出某种行为或反应，那么从他人所呈现的外在的行为或反应就能判断出他的心灵状态，进而确证他人亦有（人类意义上的）心灵存在。这一论证的缺点在于它建立在行为主义基础上，如果某一机器人拥有与"我"类似的行为及反应产生机制，那么它同样可以通过接收指令而做出各种丰富的愤怒表情，但它并不需要有一颗人类意义上的心灵。普兰丁格发现，迄今为止，与相信上帝的信念类似，相信"他心"的信念似乎也缺少一个完美的证明。

普兰丁格在此无意提出一种新的关于他心存在的成功证明，进而为关于上帝实存的证明辩护。毋宁说，普兰丁格正是要利用相信他心这一常识性信念的不可证性来说明，相信上帝信念的不可证性并不意味着人们就不能合理地接受它。鉴于这两种信念在"被证问题"上的相同境遇，普兰丁格主张，相信上帝的信念与相信"他心"的信念属于相似的认知类型，它们有着同等的认知地位。于是，一项尝试性的结论就是："如果我相信他人心灵的信念是理性的，那么我相信上帝的信念亦是理性的。既然前者明显是理性的，那么后者亦是理性的。"② 换言之，由于两种信念都没有获得足够成功的证明，在认识论层面我们就应当平等地看待它们，如果我们能够合理地接受"他心"的存在，我们也应当可以合理地接受上帝的实存；反过来说，如果指责相信上帝的信念是非理性的，那么这种指责同样适用于相信"他心"的信念，因为两者都没有被完全证明。借用维特根斯坦

---

① BEILBY J. Epistemology as Theology: An Evaluation of Alvin Plantinga's Religious Epistemology [M]. Burlington: Ashgate Publishing Company, 2005: 8.

② PLANTINGA A. God and Other Minds [M]. Ithaca: Cornell University Press, 1967: 271.

（Ludwig Wittgenstein，1889—1951）的著名句式就是：如果可以确信"他心"，那么为什么不相信上帝呢？这便是当代宗教哲学中著名的"宇称论证"。可以看到，这一论证的目的恰在于反对论证对于合理接受上帝信念的必要性。

普兰丁格在此已表达了对证据主义标准的不满。如上所述，倘若在没有充分的证明或足够的证据的情况下，我们仍能合乎理性地相信他心存在，那么这就意味着我们有可能同样在没有充分证明或足够证据的情形下来合理地持有关于上帝的信念。这其实挑战了一种尤其是启蒙运动以来形成的习惯性前设，即人只能合理接受得到了充分论证的信念。诚如学者贝尔比所评，《上帝与他心》的精华就在于看到，有一组信念，即使提供不了完全令人信服的证据或论证，我们也有一种自然的倾向来接受它们是"恰当"的。比如相信"他心"的信念就是一个很好的例子，说明了证据主义者的标准至少是可质疑的。①

二、反对经典图景

经典基础主义将人类的信念分为两类：严格基本（properly basic）的信念与非严格基本的信念。前者包括对感官明显（如屋后有一棵树），或自明的（如逻辑学中的三段论推理及数学公理），或不可更改的（如"我感到疼"，一般指某种主观的精神状态）信念。严格基本信念是在怀疑之外，不须证明、也不能证明的。这类信念不由其他的信念或原理推导而来，它本身就是人类所有推理的基础，其他的信念都由这类信念推导或衍生而来。因此，经典基础主义主张，"经由推论或衍生而得的信念必须建基在严格可靠的基本信念或第一原理之上，否则我们不能宣称它们是有保证的（warranted）或理性的。"② 证据主义则在基础主义的框架内进一步明确：非

---

① BEILBY J. Epistemology as Theology：An Evaluation of Alvin Plantinga's Religious Epistemology [M]. Burlington：Ashgate Publishing Company，2005：37.

② LIVINGSTON J C：Modern Christian Thought：vol 2 [M]. 2nd ed. Minneapolis：Fortress Press，2006：507.

严格基本信念是否合乎理性，就在于是否有从严格基本信念而来的充足的（命题式）证据或论证。对于一神论信念，首先，证据主义者不承认这种信念是一种严格基本信念，即一神论信念不是对感官明显、自明或不可更改的；其次，他们认为也没有从严格基本信念而来的对一神论信念足够支持的（命题式）论证及论据。

在 2000 年由牛津大学出版社刊行的《基督教信念的知识地位》（*Warranted Christian Belief*, 2000）一书中，普兰丁格系统地阐述了自己对这种启蒙运动以来的经典基础主义、证据主义及道义论（被他合称为经典图景或经典套装）的理解及批评。

普兰丁格首先探究了这一认识论传统的历史谱系，指出英国哲学家洛克（John Locke，1632—1704）是这一传统的近代根源。生活在宗教大动荡时期的洛克为基督教内部各宗派的意见纷争苦恼不已，因此希望通过对人类认识能力的考察，来发现一条可靠的标准以区分真信与迷信，从而调解宗教纠纷。如果发现人类认识能力不能达到这一步，也有助于彼此宽容。学者伍兹雷（A. D. Woozley）认为，《人类理智论》（*An Essay Concerning Human Understanding*）的中心问题就是："我们应该如何按照信念来调节我们的意见，特殊地说，我们将如何按照宗教信念来调节我们的意见？"① 洛克的回答相当简洁，也是后来启蒙运动答案的雏形："我们应该通过遵从理性来制约和调节我们的意见。"② 追随巴门尼德（Parmenides of Elea，约前 515 年—前 5 世纪中叶以后）和柏拉图（Plato，约前 427—前 347）传统，洛克区分了意见与知识。意见代表了某种分歧与流变，需要调节以防止争战；知识则表明了一致与确定，例如 "2 + 1 = 3" 这样的命题，任何一个理智正常的人都会承认其为真，因此不存在也不需要对这类信念的调解，人类不会就这类命题的真假形成矛盾，因此问题关键在于如何调控意见。在普兰丁格看来，当洛克主张用理性来调控意见时，其实质主张是："我应当

---

① 普兰丁格. 基督教信念的知识地位 [M]. 邢滔滔，徐向东，张国栋，等，译. 北京：北京大学出版社，2004：81.

② 普兰丁格. 基督教信念的知识地位 [M]. 邢滔滔，徐向东，张国栋，等，译. 北京：北京大学出版社，2004：82.

使我同意一个命题的程度相称于它的或然性……相称于那个命题相对于对我确定的东西来说是可能的程度。"① 在宗教议题上,洛克认为上帝最终一定会把真理启示给人类,问题不在于上帝的启示是否为真理,问题在于"我们怎么知道这是来自上帝?"理性的作用就在于帮助我们判断它是否是来自神启。于是,按照洛克对理性调控意见的理解,当人形成宗教意见时,由于很多时候无法确定它是否为神启,因此应按照它相对于人们已知为真的东西的可能程度来确定对它的相信程度,如果它与人们已知为真的东西有相当大的抵触,则人们没有认知义务必须接受它为神启。② 简言之,判断某宗教意见是否为神启需要参考人类理性所持的相应证据或论证,人们对它的同意度或相信度不能超过理性所提供的证据及论证对它的支持度。洛克进一步主张,人作为一种理性的造物,有一种认知上的责任和义务,即按照理性来调解意见。人们在接受任何一个信念时,都应当履行自己在认识上的这种责任,而不能轻易接受经不起理性推敲的信念。③ 这种对人们在形成信念过程中的认知责任要求,被称为认识论中的道义主义(deontology),连同前面提到的基础主义与证据主义,普兰丁格将它们合称为经典图景(classical picture,以下简称 CP),可以简述为:

　　(CP)一个人 S 在接受一个信念 p 上得到辩护,当且仅当,要么 p 对 S 是严格基本的,也就是说,自明的、不可更改的、或者在洛克的意义上对 S 的感官是明显的;要么 S 在某些命题的证据基础上相信 p,而这些命题是严格基本的,通过演绎推理、归纳推理、或者外展推理在证据上支持 p。④

---

　　① 普兰丁格. 基督教信念的知识地位 [M]. 邢滔滔,徐向东,张国栋,等,译. 北京:北京大学出版社,2004:87.
　　② 参见:普兰丁格. 基督教信念的知识地位 [M]. 邢滔滔,徐向东,张国栋,等,译. 北京:北京大学出版社,2004:89.
　　③ 参见:普兰丁格. 基督教信念的知识地位 [M]. 邢滔滔,徐向东,张国栋,等,译. 北京:北京大学出版社,2004:95.
　　④ 普兰丁格. 基督教信念的知识地位 [M]. 邢滔滔,徐向东,张国栋,等,译. 北京:北京大学出版社,2004:104.

启蒙主义认为这也是人类所应尽的一种认知责任。普兰丁格认为，这一图景存在自我指称难题。所谓自我指称难题，是指（CP）本身无法满足它自己提出的标准。对（CP）的信念本身不是一种严格基本的信念，即（CP）不是自明或对感官明显的，也不是不可更改的。首先，并不是任何一个理智正常的人都能直观到（CP），并赞同（CP），在这一点上，（CP）不像"2＋1＝3"这样的命题明显为真。其次，（CP）也不对感官明显，人们不是通过各感官来获得关于（CP）的信念。最后，（CP）也不是一种类似"我正感到疼"的主观精神状态，所以它也不是不可更改的。因此，按照（CP）自己的标准，现在如果要宣称接受（CP）是理性的、合理的、正当的，则必须要提供一个从严格基本信念而来的充足的（命题式）论证或证据。但普兰丁格认为，迄今为止（CP）的支持者并没有提供一个足够好的论证（按他们自己对论证的要求）来说明（CP）是正当的。换言之，他们并没有从严格基本的信念出发，然后通过像归纳推理、演绎推理之类的方式来证明（CP）本身是正当的（这是他们对其他信念所要求的）。于是，（CP）的接受者陷入到这样一种尴尬境地，即只能以一种违反（CP）的方式来接受（CP）。① 普兰丁格指出：

> （CP）为接受可辩护性和认知责任提出了一个条件，这个条件是这样，以至于一个接受它的人大概也会违反它。因此，如果这是真的，那么一个献身于（CP）的人在相信它时大概就要违反他的责任。所以它要么是假的，要么是这样以至于在接受它时违背了责任；不管怎样，一个人不应该接受它。②

在普兰丁格看来，经典图景的另一可疑之处是它一直强调人要按照

① 参见：普兰丁格.基督教信念的知识地位［M］.邢滔滔，徐向东，张国栋，等，译.北京：北京大学出版社，2004：105－106.
② 普兰丁格.基督教信念的知识地位［M］.邢滔滔，徐向东，张国栋，等，译.北京：北京大学出版社，2004：106.

（CP）来履行某种认知责任。但真的有这种认知责任存在吗？普兰丁格否认存在一种普遍统一的、对一切人都有约束力的客观认知责任（如同有些伦理学家否认有对一切人有效的绝对道德命令），而是从一种多元论的角度提出要在不同的语境下来区分不同团体的认知责任。

回溯到《新约》，普兰丁格区分了主观责任与客观责任。使徒保罗问，"吃供过神明的肉有错吗？"保罗不认为这有原则上的错。但是如果一个人认为吃供神明的肉是错的（即认为这样做就与供神明有关系），但他还是吃了，他就应当受到责备。于是《罗马书》第 14 章第 14 节有曰："我凭着主耶稣确知深信，凡物本来没有不洁净的；惟独人以为不洁净的，在他就不洁净了。"一方面，当人意识到或相信某种责任，但却违背它时，这人应受到责备；另一方面，当人不认为或不相信存在着这种责任时，那么他并不一定要为没有履行它而受责备。经典基础主义者可以利用这一区分指出，由于基督徒的无知，即不知道存在着一种类似（CP）的认知责任，所以当他们违背（CP）时确实可以不受责备，但也确实存在着这样一种客观责任。① 换言之，经典基础主义者主张有一种普遍的客观认知责任如（CP），所有的人（作为理性造物）都应当履行它。

普兰丁格明确反对这一观点，他反问道，为什么经典基础主义者知道存在着这样一种客观认知责任？他们是如何知道的？他们除了不断地说要遵守那种认知责任之外，还能做什么呢？究竟是谁规定了一定有这样一种所有人都要遵守的认知责任？② 普兰丁格在此拒斥有一种高高在上的、唯一并普世的关于接受信念的认知责任，而是主张各类团体在不同的语境下可以有各自独立的关于接受其信念的认知责任标准。比如基督徒可以认为一神论信念是恰当及理性的，尽管罗素（Bertrand Russell, 1872—1970）的追随者可能不同意，但这又有什么关系？双方处在不同的语境下，基督徒团

---

① 参见：普兰丁格. 基督教信念的知识地位［M］. 邢滔滔，徐向东，张国栋，等，译. 北京：北京大学出版社，2004：111 – 112.

② 参见：普兰丁格. 基督教信念的知识地位［M］. 邢滔滔，徐向东，张国栋，等，译. 北京：北京大学出版社，2004：112.

体有基督徒团体的认知责任，罗素有罗素的认知责任，罗素主义者不应将自己所认定的认知责任作为一种权威强加给其他团体。①

需要注意的是，普兰丁格对绝对客观认知责任的否认并不是在主张一种相对主义或主观主义，毋宁说，他力图揭示的是，"任何一套宣称在理性上融贯的信念体系都蕴含了某些基本的预设，或一些'起到了操控作用的信念（control beliefs）'，正是它们使得某一理论体系有别于其他"。② 换言之，普兰丁格看到了在"我思"之前的信念对"我思"的影响，即"我信"对"我思"的影响。因此，普兰丁格反对的是那种认为可以有一种脱离信念而存在的纯粹理性反思的观点。从否定理性的独断而言，普兰丁格可以说是一位多元主义或语境主义者，但从他坚持某种"元信念"对理性的影响而言，他仍然是一位绝对主义者。

三、反对自然主义

前文提到，普兰丁格的博士论文便反驳过自然主义，后来，普兰丁格与一位无神论哲学家以论战的方式合作撰写了《关于上帝的知识》（*Knowledge of God*, 2008），在该书中普兰丁格总结了自己对自然主义的批评。

1. 自然主义

如同哲学中的许多重要概念，自然主义也很难得到一个清晰的界定。有学者认为自然主义并不是某种学说，如弗拉森（Bas van Frassen）认为自然主义是一种特定的态度，一种引导个人意见的科学式态度，他们不相信有任何特别的东西，如精灵、天使或神灵。雷（Mike Rea）则主张自然主义是一种研究程序（program），他们只采用经验科学的方法和技术作为研究手

---

① 参见：LIVINGSTON J C. Modern Christian Thought：vol 2 ［M］. 2nd ed. Minneapolis：Fortress Press, 2006：508 – 509.

② LIVINGSTON J C. Modern Christian Thought：vol 2 ［M］. 2nd ed. Minneapolis：Fortress Press, 2006：509.

段。普兰丁格则将自然主义看作一种世界观，一种对世界本身高度相信的信念。①

进一步，普兰丁格认为要通过与一神论的对比来理解哲学中的自然主义。一神论者相信有一位上帝，他全知全能，并创造了这个世界；自然主义则拒绝承认有这样的人格神存在。因此，自然主义者肯定是一位无神论者，但无神论者不一定都是自然主义者，自然主义者不仅不信神，他们也不信柏拉图的"善的理念"，亚里士多德（Aristotle，前384—前322）的"不动的推动者"，费希特（Johann Gottlieb Fichte，1762—1814）的"绝对自我"或黑格尔（Georg Wilhelm Friedrich Hegel，1770—1831）的"绝对精神"；而无神论者虽然不相信神，但却有可能相信柏拉图的"善的理念"，亚里士多德的"不动的推动者"，费希特的"绝对自我"，黑格尔的"绝对精神"或其他类似概念中的一个。从这一角度而言自然主义比无神论更加彻底。②

普兰丁格从两个方面批评了自然主义，一方面，自然主义不能说明在生物体如人体器官中所体现出的"恰当功能"（proper function）概念；另一方面，自然主义会直接导致休谟式的怀疑论，在这种情况下，人们会发现全部信念都存在着一个否决因子（defeater），这样的结果将是人们不再相信自身的认知能力，因此，自然主义不能提供对信念的解释。③

2. 自然主义与恰当功能

人体器官有着各自的功能，比如心脏可将血液循环到全身，这时，人们说心脏是处在恰当功能或正常运作中。普兰丁格认为，只有当认为该器官是被一个有智慧、有意识的存在设计出来时，我们才能评价该器官是否运作正常。因为之所以称某器官有"恰当功能"，就在于它实现了这位设计

---

① 参见：PLANTINGA A，TOOLEY M. Knowledge of God［M］. Malden：Blackwell Publishing，2008：17 - 18.
② 参见：PLANTINGA A，TOOLEY M. Knowledge of God［M］. Malden：Blackwell Publishing，2008：18 - 19.
③ 参见：PLANTINGA A，TOOLEY M. Knowledge of God［M］. Malden：Blackwell Publishing，2008：19.

者的设计初衷；而当人们说某器官有故障时，则意指它没有很好地执行设计者的意图。如果没有这样一种"设计者"及"设计理念"的观念，就不会有"恰当功能"与"故障"的区分。①

比如，普兰丁格举例道：电冰箱是被设计用于食物保鲜，现在假设不知何故，某一冰箱内的温度为八十度，则在此情况下人们也可以用它来加热食物。如果不认为电冰箱是被设计用于冷藏保鲜的，则人们可以用它加热食物，而不会认为该冰箱有何不妥，但正是由于知道电冰箱本来的设计理念，人们才会认为用它加热食物是荒唐的，人们才会判断目前这台电冰箱出了故障，它并不处在"恰当功能"中。② 换言之，人们是根据冰箱最初的设计理念，而不是根据它的实际使用方式来判断它是否处在"恰当功能"中，如果根据后者，则并不能判断用冰箱加热食物是处在"恰当功能"还是"故障"之中。

普兰丁格继续指出，由于否认"设计者"的概念，自然主义往往只能用一种进化论及自然选择的口吻来解释"恰当功能"概念，这类解释的通常模式为：某生物起源于在它们之先的某"祖先生物"的繁殖，"祖先生物"的器官已有了这一功能，这一功能有助于"祖先生物"适应当时环境，于是再通过自然选择，这一功能演化成了今天该生物所表现的样子。普兰丁格认为，这种解释假设了任何有"恰当功能"器官的生物都必须有"祖先生物"的存在，但是，在逻辑上完全有可能，某器官可以在没有"祖先生物"的情形下就具备了"恰当功能"。如果上帝直接创造了亚当，那么亚当没有他的"祖先"，但是亚当的心脏仍可以恰当运作（如同今天人类的心脏）。即使有"恰当功能"器官的生物确实都来自它的祖先，仍然很有可能存在一些类型的生物，在它首次出现时，它的器官就已经具备了一些之前未有的"恰当功能"（类似电话被发明时便具有一些之前从未有过的"恰当

① 参见：PLANTINGA A，TOOLEY M. Knowledge of God ［M］. Malden：Blackwell Publishing，2008：20.

② 参见：PLANTINGA A，TOOLEY M. Knowledge of God ［M］. Malden：Blackwell Publishing，2008：20.

功能")。并且"祖先生物"之前还有"祖先生物",这是一个可以无限回溯的序列,所以自然主义并没有从根本上解释为何(第一个祖先生物的某器官)会有"恰当功能"。①

普兰丁格认为,根本性的原因在于,"恰当功能"这一概念本身便带有某种有意识的智慧设计者意图,或者说,这一概念本身便意指了一种有目的、有意图的设计理念。由于一神论承认这样一位设计者的存在,因此它能比自然主义更好地解释"恰当功能"这一概念。②

3. 自然主义与怀疑论

对普兰丁格而言,自然主义除了无法解释生物体器官的"恰当功能",更为严重的是,它还会导致人们丧失对自身认知官能的信赖。大多数人认为,人类认知官能的功能或目的之一是为自身提供真实的信念,虽然它们有时在局部会出现差错,但就整体而言是可以信赖的。普兰丁格认为,由于自然主义往往从一种进化论的角度来解释人类认知官能的起源,因此它可以给出足够的理由让人怀疑人类的认知官能是否提供了真实信念。如果自然主义为真,则人的信念是可靠的概率将会偏低。③ 他说道:

> 有一种令人恐惧的怀疑一直困扰着我,由低等动物演化而来的人类心灵所产生的信念是否有任何价值,我们能否完全信赖它?如果猴子也有信念,有人会愿意相信猴子心灵产生的信念吗?④

在普兰丁格看来,自然主义的进化学说容易导致怀疑论的原因在于它

---

① 参见:PLANTINGA A, TOOLEY M. Knowledge of God [M]. Malden:Blackwell Publishing, 2008:22-25.

② 参见:PLANTINGA A, TOOLEY M. Knowledge of God [M]. Malden:Blackwell Publishing, 2008:29.

③ 参见:PLANTINGA A, TOOLEY M. Knowledge of God [M]. Malden:Blackwell Publishing, 2008:30.

④ PLANTINGA A. An Evolutionary Argument Against Naturalism [M] //RADCLIFFE E S, WHITE C J. Faith in Theory and Practice:Essays on Justifying Religious Belief. Chicago:Open Court Publishing Company, 1993:38.

的适者生存的自然选择理论：

> 这些结构（指人类的认知官能——引者注）不是由于它们能为我们产生真实的信念而被选择的；它们被选择是因为它们有着更好的生存适应优势，或者它们在基因上有益于这样一种生存优势。因此，这些信念产生机制的最终目的或功能就不是为我们产生真实的信念，而是为了基因、基因型、个体、物种的生存。①

可以看到，在自然主义的进化论语境下，人类认知官能只是为了在弱肉强食的自然环境中生存演化，它们的主要目的及功能不是为了产生真实的信念，而是为了适应环境以生存。于是，人类认知官能的可靠度就遭到质疑。相反，在一神论的视野中，由于人类的认知器官是由上帝所设计，因此，可以有更充足的理由确定它们的主要功能之一就是帮助人们能够认识真理或获得真实可靠的信念。普兰丁格进一步指出，如果接受自然主义，人们将不得不怀疑自身的认知官能及其产生的信念，由于相信自然主义本身也是一种信念，所以自然主义也可成为怀疑的对象，因此自然主义将是一项自我否决（self-defeating）的信念。所以如果接受自然主义，结果将是得到一个自然主义的否决因子，从认识论角度而言，这将是非理性、不合理、缺少正当性的。诚如学者马斯科德（Keith A. Mascord）所言，普兰丁格这一论证的意义就在于，它开始要求自然主义者对自己理论的正当性进行辩护。过去几个世纪以来，一神论者一直处在防守的位置，但普兰丁格扭转了这一局面。② 在此也可以说，普兰丁格实际上是通过复兴传统的设计论及目的论证明来做到这一点的。

---

① PLANTINGA A. Warranted Christian Belief [M]. New York: Oxford University Press, 2000: 228.

② 参见：MASCORD K A. Alvin Plantinga and Christian Apologetics [M]. Milton Keynes: Paternoster Press, 2006: 46.

四、对宗教多元论的批评

宗教多元论主张世界上所有的宗教都同样的真或假，因此，如果仅仅赞同一种宗教而反对其他的宗教，就是一种武断、非理性并带有压迫和帝国主义性质的做法。普兰丁格将这一观点转化为，在目前宗教多元化的背景下，"我（作为个人）能否理智地仍只相信一种宗教……并拒斥其他的宗教？"①

普兰丁格对此持肯定的态度，为此他被称为排他论者（exclusivist），即坚持只有一种宗教的教义为真，而其他与此不相容的宗教教义都为假。就基督教内部而言，普兰丁格指出排他论与包容论（inclusivism）最重要的差别在于他们对上帝的唯一拯救方式的理解不同。前者坚持认为只有那些听到过《圣经》中的福音，认同和遵从它的人才会被拯救；而后者则为那些没有听过《圣经》福音的人的救赎之路预留了空间。

一般批评认为排他论的这种观点带有自高自大的作风，但普兰丁格指出，多元论同样存在这样的问题。因为宗教多元论对排他论的批评必然也会相信其他一些特定的命题（比如"所有宗教都同样真"），当他们在主张"所有宗教都同样真"时，实际上就宣判了其他坚信唯有自己宗教为真的信徒都错了，这难道不也是一种自高自大？普兰丁格指出这是一种"更糟糕的理智上的帝国主义和自高自大"。② 他调侃道，多元论者的潜台词是，"除了我们自己和少数业经启蒙的人，我们和我们的研究生把握了真理，其他人一概错得一塌糊涂"。③ 普兰丁格认为，问题的关键在于，在实际情况中，持有不同信念的人不发生意见冲突几乎是不可能的，如果有些人相信 p，而

---

① PLANTINGA A. Pluralism：A Defense of Religious Exclusivism ［M］//SENOR T. The Rationality of Belief and the Plurality of Faith：Essays in Honor of William P. Alston. Ithaca：Cornell University Press，1995：193.

② 普兰丁格. 基督教信念的知识地位 ［M］. 邢滔滔，徐向东，张国栋，等，译. 北京：北京大学出版社，2004：67.

③ 普兰丁格. 基督教信念的知识地位 ［M］. 邢滔滔，徐向东，张国栋，等，译. 北京：北京大学出版社，2004：67.

另一些人相信与 p 不相容的 q，则双方肯定会形成意见上的冲突，或者赞成 p 反对 q，或者相反。多元论者现在站出来，宣称 p 和 q 都只不过是部分为真，① 似乎自己已超越了 p 与 q，这难道不是一种更加露骨的自高自大或帝国主义作风？

此外，普兰丁格认为多元论方案在现实中也无法实践，最后只能流于空谈。首先，一位虔诚的教徒只能全心接受并履行自己宗教的教义，如果他一方面宣称自己是某宗教信徒，另一方面又承认自己的宗教不一定是绝对真理，那他就不是在表里如一地接受他的信仰。其次，生活中大多数情况下，确实就是有一部分人比另一部分更接近真理。如果唯物主义是对的，那么唯心主义就错了；如果唯名论是对的，那么实在论就错了。在宗教领域也可能一样，选择宗教信仰在一定程度上是一种冒险，有犯错的可能，但如果有错，这也意味着存在正确的选项。②

普兰丁格逆时代而行的宗教排他论可能是他理论中最受非议的一部分。华人学界中有多位学者都曾撰文讨论过该问题。③ 笔者想就此提出自己的一些思考：首先，正如大家所公认的，普兰丁格主要从事的是一种消极的护教学（negative apologetics）工作，与积极的护教学（positive apologetics）不同，前者的目的是对各种针对基督教信念的指责（如非理性、排他论的自高自大）提出一种自卫式的辩解，它关注的是向信徒或非信徒阐明，这些指责并没有构成充足的理由使人们可以从理智上拒绝基督教信仰，或者说，这些指责没有影响到基督教教义本身的融贯度和自洽性。④ 所以，这类护教学是被动、后发、消解（对它的指责）性质的。而积极的护教学则关注于向信徒或非信徒阐明，存在着足够好的理由来接受基督教信仰，因此它是

---

① 参见：普兰丁格. 基督教信念的知识地位 [M]. 邢滔滔，徐向东，张国栋，等，译. 北京：北京大学出版社，2004：67 - 68.

② 参见：普兰丁格. 基督教信念的知识地位 [M]. 邢滔滔，徐向东，张国栋，等，译. 北京：北京大学出版社，2004：66 - 68.

③ 参见：周伟驰. 普兰丁格的矛盾 [J]. 现代哲学，2007（03）：99 - 111；周伟驰. 当代宗教多元论与宗教排他论之辩 [J]. 道风：基督教文化评论，2004，21：207 - 222.

④ 参见：MASCORD K A. Alvin Plantinga and Christian Apologetics [M]. Milton Keynes：Paternoster Press，2006：21.

主动、在先、扩张性质的。普兰丁格为排他论的辩护属于前者，它只是为了回应对基督教排他论自高自大作风的批评，因此它的直接目的不是否定其他宗教。换言之，在此议题上普兰丁格并没有通过直接批评其他宗教来抬高基督教（或他的加尔文宗），普兰丁格只是对别人首先发起的针对基督教的批评，从自己信仰的立场进行了回应，说明了基督教信念的正当性，但他并没有把这一观点强加给其他宗教的信徒，也没有提出一个论证来说明其他宗教的信念是非正当的。普兰丁格甚至有这么一层意思：各宗教的信徒，如果要做到对本宗教的真正虔诚，都要在一定程度上去抵制那种被滥用了的宗教多元论，这说明普兰丁格对其他宗教信仰至少是尊重的，这也说明他的排他论不是仅适用于基督教的，而是具有普适意义的，是各个宗教都可以执行的。如果认为排他论只能适用于基督教或某一特定宗教，就应当批评，但普兰丁格并不是这种层面上的排他论者。

其次，笔者认为在此需要进一步区分排他论与"排他型排他论"。前者适用于所有宗教，意即这种排他论对所有宗教都是公平和公开的。任何宗教都可以从维护自己信仰的立场来持有某种排他论，比如基督教可以有基督教的排他论，佛教可以有佛教的排他论，否则如何保持各宗教自己的传统与特色？各宗教要在全球化的背景下继续保持各自的本色差异（这种差异正是多元的基础），在一定程度上就确实需要一些"排他论"（不仅是宗教层面的排他，还需要排斥一些科学或世俗文化，这对某宗教而言是再正常不过了）。其实"排他"本来就是宗教的一种天性，否则何来"委身"这一说法。如果某种宗教丧失了它的排他性，那离它消亡的日子可能就不远了；同样，如果一名信徒不对其他宗教的部分习惯或传统持某种拒斥或至少是回避的态度，则他还能被严格地称为该宗教的信徒吗？因此，对宗教而言存在着一种积极正面的"排他"。而"排他型排他论"是指排他性只能为某一宗教所专有，换言之，只有本宗教具有排他的资格，其他宗教不允许排他，相反只能卑躬屈膝地接受本宗教的排他。这是一种更极端的排他论（在当下可能行不通），它也完全无视宗教传统间的合理差异，因此是一种消极、负面的排他。至少从他的著述来看，普兰丁格只是前一种意义上的排他论者。

最后，笔者赞同一些学者的观点，比如宗教的选择不是理论理性层面上真假二值的选择，而是一种类似于中西餐之间的实践理性选择，后者牵涉到习惯、文化传统等因素。但是正如普兰丁格所批评的，如果宗教多元论者认为所有宗教都不是真理，那么这一观点也蕴涵了他们自己要比其他人更加接近真理这样一层意思。所以，问题的关键不在于谁提出了更有道理的宗教理论，而在于人们提出的所有理论都只能是从第一人称的角度出发的，祛除不了某种局限性，从而都只是部分接近了真理（包括宗教多元论本身）。就这一角度而言，之前的宗教多元论仍然没有彻底摆脱某种形式的独断论或排他论，因为他们认为所有宗教都有错的成分，只有宗教多元论才是最佳选择，这难道不是某种形式的独断论？并且，他们至少也在排斥他们眼中的排他论者或者极端的基要主义者。所以，这种多元论仍带有一些排他论的残余，并不是一种彻底的宗教多元论。

为了克服上述弊病，以实现人们心目中理想的宗教多元论，我们在普兰丁格对宗教多元论批评的基础上，通过吸收另一位美国著名哲学家罗蒂（Richard Rorty，1931—2007）的"反反种族中心主义"的思想，提出了一种"反反宗教多元论"的概念。如上所述，之前的宗教多元论虽然号称"多元"，实质上仍将矛头对准了基要主义者和排他论者，将他们的理论斥为过时、守旧、保守、顽固的表现，这是我们所不赞成的，这是所谓的第一个"反"。"反宗教多元论"是在原有宗教多元论的基础上，进一步做到对基要主义者和排他论者的包容和尊重，承认他们亦是这个多元世界中的一部分，有他们独特的、不可取代的价值，因此"反宗教多元论"不会藐视、排斥或打压基要主义与排他论者，不会认为他们的理论是过时、守旧、保守、顽固的表现；相反，"反宗教多元论"承认他们在认知地位上与任何形式的宗教多元论都是平等的，从这一角度而言，"反宗教多元论"是一种更加多元的宗教多元论，是一种可以接受不赞成宗教多元论人士的宗教多元论。但是必须强调，当提出这样一种"反宗教多元论"时，我们本身并不试图将这种理论作为一种普遍有效的、绝对的、超越了一切宗教之上的理论强加于他人，相反，我们承认"反宗教多元论"仍带有自身的局限，受到自身的情绪、知识结构、思维范式、信念或世界观的影响，所以，我们将会不断地反思"反宗教多元论"，因为它并不是终极真理，与其他理论相比，我们不会有一种理智上的"自我优越感"。随着读更多的书，接触更多的宗教类型，我们会以一种开放的心态包容更多的观点和现象。这就是所谓的"反反宗教多元论"，即不断地"反思"自己提出的"反宗教多元论"，不局限在自己原有的封闭空间里，而是不断地拓展自己的视野。这样做是为了防止重蹈哲学史上形而上学独断论的覆辙。简言之，与之前的宗教多元论相比，"反反宗教多元论"是一种包容了基要主义者和排他论者的宗教多元论，它是不会将"反反宗教多元论"视为真理而强加给别人的，它只是提出并描述自己的观点，但不要求任何宗教必须赞成或接受它。

第三节 研究现状

英语学界对普兰丁格的研究从 20 世纪 70 年代起就一直比较兴盛，其中不乏著名学者从正反两方面对其进行评论。希克（John Hick，1922—2012）在其巨著《恶与爱的上帝》（*Evil and the God of Love*）的第二版结尾处专门新增一章谈到了神义论的最新发展，他一开始就讨论了普兰丁格，可见普兰丁格关于恶之难题的观点在学术界引起了人们的注意。

在这一章中，一方面希克佩服普兰丁格的"论证是错综复杂的，并且其每一步都用令人印象深刻的严格逻辑步骤来呈现"；另一方面，他也提出了反对意见，指出普兰丁格的反证据式的辩护其实违背了"证据"一词的日常用法。希克说道，按普兰丁格的原则，有人看见琼斯拿着一把正冒着烟的来复枪从史密斯的凶案现场跑开，这并不能作为指控琼斯的证据，因为有可能在逻辑上，他被看见了但仍然是清白的。但是在"证据"一词的日常用法上，琼斯被目击持枪离开现场是可以作为证据来指控他的。尽管不能证明他就是凶手并且他仍然有可能不是。同样，恶的存在与上帝存在并非逻辑上的不一致，但这也不能阻止通过恶的存在来反对上帝的存在。

进入 20 世纪 80 年代后，更多学者在理解了普兰丁格的基础上开始指责普兰丁格的不足。比较有影响力的文章如亚当斯（Robert M. Adams）的《普兰丁格论恶之难题》（"Plantinga on the Problem of Evil"）。作者的主要观点是，在分析的宗教哲学传统里，没有人对它发展的贡献有普兰丁格大，而且他对恶的问题的研究是他对这一领域的最重要贡献。他已经对这一问题的至少一个主要形式方面提供了充足的解决方案。但是，作者仍然不同意普兰丁格一劳永逸地证明了，"恶的现象没有显示出上帝存在之不可能性"。而值得一提的是，该作者在其论证过程中使用了普兰丁格的方法反驳了普兰丁格。

目前最有代表性的著作莫过于普兰丁格的学生克拉克（Kelly James Clark）所撰写的《重返理性》（*Return to Reason*）。在讨论苦难问题的章节中，作者不但清晰阐述了普兰丁格的观点，还研究了反对普兰丁格的代表性观点。作者以路易斯（C. S. Lewis，1898—1963）的后半生遭遇为例指出，十字架的神义论才是苦难问题的最终归宿。

据笔者了解，目前中国已有数篇专门以普兰丁格为研究对象的硕士、博士论文，如香港浸会大学关启文指导的 01 级硕士论文《对普兰丁格恰当功能论的一种批判性评价》（"A Critical Evaluation of Alvin Plantinga's Proper Functionalism：From Theory of Knowledge to Belief"），作者为 CHEUNG Kwek Tung，原文用英文所写，尚未见出版。如北京大学梁骏博士所著《普兰丁格的宗教认识论》。它们都将主要精力放在了处理普兰丁格的宗教认识论上。正如赵敦华教授在为梁骏专著所写的序言中指出："梁骏对普兰丁格的认识论做了系统的研究，但普兰丁格在其他领域的思想，如，……苦难与恶的问题，这些方面也值得深入思考。"① 此外，像深圳大学的葛欢欢博士、山东师范大学的孙清海博士等一批青年学者也发表了关于普兰丁格的研究

---

① 赵敦华. 序言［M］//梁骏. 普兰丁格的宗教认识论. 北京：中国社会科学出版社，2006：2.

论文。

北京大学哲学系是国内研究普兰丁格的重镇。在 1999 年《维真学刊》第 2 期，周伟驰、谢文郁，黄勇集中讨论了普兰丁格的宗教排他主义。值得一提的是，张志刚教授在其著作《宗教哲学研究》一书中的第二章"罪恶问题研究"里介绍了无神论者麦基（Jonh L. Mackie）与普兰丁格的自由意志辩护之争，非常有参考价值。韩林合在其《分析的形而上学》里面专辟一节谈论普兰丁格的可能世界理论（这与自由意志辩护有关）。但是对普兰丁格的研究促进最大的，当数《基督教信念的知识地位》一书的出版，以上成果都为笔者的研究打下了坚实的文献资料基础。香港浸会大学的关启文教授曾师从斯温伯恩（Richard Swinburne），斯温伯恩与普兰丁格同属分析哲学传统的宗教哲学阵营，所以关启文也对普兰丁格的思想非常关注，曾写过《当代哲学神学》一文，对普兰丁格思想有较全面的介绍。总而言之，香港的研究起步很早，且有很多得天独厚的优势，近来虽已被内地所超过，但仍然可以粗略地说，对普氏的研究，国内已成南北呼应之势。

北方普兰丁格的研究新军孙清海博士最近便发表了一篇有一定原创性的论文《恶与生存：生存视角下的神义论问题》，① 这篇文章的新颖之处是从生存分析的角度来解析麦基与普兰丁格在恶之难题上面的论争。通过生存分析，作者指出麦基在恶难题的理解上是以自我判断为出发点，在自我判断中，上帝的全能全知必然引发与上帝所创造的人的自由意志的冲突，因而麦基得出上帝与恶在逻辑上相矛盾的结论。而普兰丁格，作为一位坚定的归正宗学者，是以信仰情感作为思考的基础，他将选择判断的主权交给了上帝，在这种情况下，不论他选择判断之后是什么后果，由于对上帝全善全能的信任，因此都会体谅和顺从上帝，因此在他那里上帝与恶无法构成逻辑矛盾。这篇文章没有满足于复述麦基和普兰丁格的"自由意志辩护之争"，而是运用作者师承所一直倡导的生存分析法对西方当代宗教哲学

---

① 孙清海．恶与生存：生存视角下的神义论问题——兼论麦基与普兰丁格"自由意志说"之争［J］．世界宗教文化，2018（01）：117 – 124.

的争论加以评析，在国内的普兰丁格研究领域算是比较难能可贵的一种尝试了。

而南方的柏斯丁博士不甘示弱，他的《追随论证》第四章专门讨论"恶的问题"（同样以普兰丁格的文本和问题意识为出发点）。① 柏博士指出，历史上对一神论信仰反驳最有力的就是该难题，因此应重视普兰丁格的解决方案。但作者没有止步在普兰丁格的理论面前，而是陆续讨论了其他扩展方案。例如，尽管普兰丁格本人曾拒绝传统的神义论，但柏斯丁仍然认为需要一种必要的神义论——类比神义论，它以《圣经》为依据，其基本观点如下：人的智慧和上帝的智慧之间有着巨大的鸿沟，因而人对上帝的某些做法无法完全理解。类比神义论就是把上帝类比为儿童的家长，将人类比为儿童，有些苦难的事实从长远来看有利于人的成长，但作为小孩子的人那时还不能明白，可能要长大之后回过头看才明白。② 不过作者在总结时承认，类比神义论只是提供了一个解释恶问题的框架，还是没有解释恶和苦难存在的具体原因。因而人们必须接受神义论的限度，它无法完全地说服人的理性，最终还是要求人的信仰。人们首先有对上帝的信任，才可能在神义论的帮助下理解苦恶事实的原因。正所谓"信才能得着"。这种在信仰因素主导下的理解，更像是一种心灵中的体谅和顺从，而不是理智上的解惑。

《追随论证》还讨论了"无辜的乡下人"这一经典问题：一位孤陋寡闻的乡下人，从来没有听过福音和《圣经》，也没有人向他传过耶稣；这人最终的结局如何？通常认为，指责某人没有尽自己的认知义务和道德责任的前提是，他明白这些责任且有自由地承担这些责任的能力。而无辜的乡下人并不具备这样的条件，因此，他受到定罪就不符合上帝的仁慈属性。也就是说，倘若上帝知道他注定要去地狱（他没有接受信仰的机会和条件），还让他来到世上活过短短几十年，则他显得残忍。这可以说是一种由于今

---

① 柏斯丁. 追随论证［M］. 上海：上海人民出版社，2013.
② 柏斯丁. 追随论证［M］. 上海：上海人民出版社，2013：103.

生的不信而导致的彼岸苦难。对于该问题，天主教的传统解释是"灵泊说"，灵泊在地狱附近的区域，那些生前没有机会听闻福音的人的灵魂被上帝暂时安顿在这里，他们可能还有机会选择信仰上帝。但在新教看来"灵泊说"没有经文的明确支持，而且似乎有辖制上帝的嫌疑：仿佛上帝不这样做的话，就对不起人类。新教提出的解释来自于一种简单的直观：上帝自有其美妙的安排，那是一个奥秘，在有限的时空范围内无法为人清楚。但只要人坚定追随上帝，就会得到更美的结局，抵达一个更美的居所。①

　　一方面，目前国内缺少对于普兰丁格对恶问题的思考的专门研究，国外的相关研究虽然在细节上精益求精，但没有在整体上和西方思想史中丰富的关于恶的思想衔接起来，更没有讨论普兰丁格思想对于汉语思维的补充意义。另一方面，国内伦理学界对恶和苦难问题的研究多年来似乎停滞不前，然而恶的问题与人的实际生存有着具体的关系，不可能无视。哲学研究者应当对这一现实问题做出应有的解释。通过普兰丁格的著作研究恶和考察恶，不是要容忍恶，相反，是为了了解它，进而克服和摆脱它。并且，在对恶的研究中，人们对善的真谛的认识也将得到深化。

---

① 柏斯丁. 追随论证 [M]. 上海：上海人民出版社，2013：105 – 112.

第二章
普兰丁格论神义论

在基督教教义中，上帝被认为是全能、全知和至善的，是一切存在的原因，而人们从生存经验里可以确证苦难和恶的存在。伊壁鸠鲁（Epicurus，公元前342—公元前270）曾就此问道：

> 他愿意制止罪恶，而不能制止吗？那么他就是软弱无力的。他能够制止，而不愿意制止吗？那么他就是怀有恶意的。他既能够制止又愿意制止吗？那么罪恶是从哪里来的呢？①

神义论②（Theodicy）试图为上述一连串质疑提供答案，以捍卫上帝的公义性。虽然直到启蒙时代的莱布尼茨（Gottfried Wilhelm Leibniz，1646—1716）才正式提出神义论这一概念，但从《旧约》时代开始，便有关于上帝与苦难关系问题的探讨。西方思想史中有一道人为神辩护的思想风景，它对西方的神学、哲学及文学艺术都产生过广泛的影响。

二十世纪分析哲学的出现促使了哲学的"语言转向"，哲学问题被归结为语言问题，这一思潮也波及神义论领域。当代德语神学家奥特（Heinrich

---

① HUME D. Dialogues Concerning Natural Religion［M］. Indianapolis：Hackeet Publishing，1980：63.

② 国内从德语翻译过来的文献一般译为"神义论"（如李秋零先生、朱雁冰先生）；从英语翻译过来的文献很多译作"神正论"（如王志成先生、周伟驰先生），也有译为"神义论"（如孙毅先生）。考虑到是德国哲学家莱布尼茨最先使用了该词，笔者采用"神义论"这一译法。

Ott）说道：

> "神义论"就是对上帝的辩白。这一点必须正确地来理解。并非真正说来上帝需要辩白，而是"上帝"这个概念需要辩白；也就是说，我们必须为我们言说上帝对自己做出辩白。①

奥特在此注意到了神义论工作中长期以来的一个易被忽视的前提性错误，即没有区分"上帝"与"关于上帝的概念"，没有区分"上帝的启示"与"人关于上帝的言说"。根据基督教教义，上帝本身完美无缺，然而人类对上帝概念的言说和理解可能会出现偏差。因此，神义论的任务应当是澄清人类语言中"上帝"这一概念，但这并不意味着上帝出现了错误，或上帝需要人的辩白。而由于没有明确这一点，加上近代理性主义的影响，神义论给人造成了这样一种印象，即仿佛上帝需要在人的理性面前"称义"，上帝仿佛需要在人的理性面前辩解，为何他所造的世界中会有苦难的存在，结果人自己取代上帝成为了最终的审判者。不少神义论者认为他们是在为上帝辩白，结果导致仿佛上帝需要依赖他们的辩白。奥特试图提醒神义论者，人类只能为"言说上帝"对自己进行辩白，而上帝本身并不需要依赖于人对他的辩白。

普兰丁格在尝试回应苦恶难题之前，也以类似的方式批评了传统的神义论，并提出了自己关于恶难题的"辩护"（defense）方案。他提醒基督徒注意，如果上帝没有启示恶的奥秘，他们就不应仅依靠理性来解释这个奥秘。本章将主要阐述普兰丁格这一方面的思想。

---

① 奥特，奥托. 信仰的回答——系统神学五十题 [M]. 李秋零，译，香港：道风书社，2005：168.

第一节　辩护方案与神义论的区别

思想史上林林总总的神义论有两种主导类型：一种是奥古斯丁（Augustine，354—430）的自由意志神义论；另一种是爱任纽（Irenaeus，约120—202）和希克的终末论的神义论。普兰丁格对两者进行了批评，认为后者对苦难事实的解释还不够充分；而前者以自由意志为中心的解释虽值得借鉴，但因自我设定目标较高而出现危机。普兰丁格建议降低目标，改神义论为辩护，从解释为何上帝允许恶，转向仅指出那些依据恶的事实而对一神论信念做出的攻击是无效的。这一变化的结果是形成了一种胶着局面，一神论者（theist）固然无法说明上帝为什么允许恶，但反一神论者也不能依据恶的事实来否认一神论信念。

普兰丁格这样描述传统神义论："当某位一神论者回答诸如'恶来自哪里？'，'为什么上帝允许恶？'此类的问题时，他就在给出一个神义论。"①确实，基督徒想尽可能详细地知道上帝为什么要允许恶，特别是那些就发生在自己身边的特定的恶和苦难，比如好友突然发生车祸的原因。但普兰丁格认为这只是人类自己的一厢情愿，因为这相当于假定，如果上帝有允许恶和苦难存在的充足理由，那他就必须要启示于人。但这种假定不够充分，上帝当然可以对人类（暂时）隐瞒他这样做的真正动机，如果他不启示，则人类就无法知道恶的奥秘。普兰丁格说道：

> 为什么假定如果上帝有一个好的理由允许恶存在的话，那么一神论者就会首先知道？也许这过于复杂以至于人类还不能理解；或者也

---

① PLANTINGA A. God, Freedom and Evil [M]. Grand Rapids：William B. Eerdmans Publishing Company, 1974：10.

许是上帝因为别的原因还不曾启示过它。①

所以，基督徒应当明白，虽然他们迫切需要知道恶的原因，但如果上帝不向人类启示它，那人们就应当对此保持沉默，而不是为上帝编造理由来说明为何有恶发生。人类的心灵与最高的存在者之间有着无限距离，因此人对上帝的言说应当依赖于上帝的启示而不是人自己的理性，这一原则也不应为了解答恶的问题而被放弃。

但是，假如基督徒不知道或者不能言说上帝允许恶的理由，则他们信仰上帝是否就是不恰当的（improper）或者不合理的（irrational）？普兰丁格对此给出了否定的回答，并以一个心灵哲学中的问题（身心关系）为例进行了类比说明：

> 我相信保罗"决定"锄草这一意志与他相应的身体行为存在着某种联系，但这种联系究竟是什么，究竟是如何发生的，以及这种联系里面是否还有一个中介物在起作用，这些我都不能给予细致的说明。但是，我们能据此推出，保罗"决定"锄草的意志与他锄草的身体动作之间就不存在着一定的联系吗？从而进一步推出我关于此的信念便是不恰当的或不合理的吗？明显不行。同样，从一神论者不知道上帝允许恶存在的理由，推导不出上帝就真的没有理由允许恶的存在，基督徒仍可以声称自己的信念是恰当的或合理的。②

普兰丁格用这种类比的方式告诉基督徒，合理地相信某些事情并不一定需要把它解释得特别清楚，生活中不能被彻底解释的事情比比皆是，但在通常情况下也不会妨碍我们生活；恶的问题对上帝信念来说确实是一道

---

① PLANTINGA A. God, Freedom and Evil ［M］. Grand Rapids：William B. Eerdmans Publishing Company, 1974：10.

② 参见：PLANTINGA A. God, Freedom and Evil ［M］. Grand Rapids：William B. Eerdmans Publishing Company, 1974：11.

难题，但人类也并不一定非要把这个谜底揭开，继续信仰上帝仍然是合理的。就像路德（Martin Luther，1483—1546）所说：如果我能完全明白上帝如何在愤怒与不公平中的怜悯，那就无须信仰了。①

当代另一位宗教哲学家希克通过发掘爱任纽的思想资源建立起了一套"终末论"的神义论，它的基本观点是：区分了上帝造人时所依据的自己的"形象"（imago），和人应当具有的上帝之"样式"（similitudo）。与正统基督教思想不尽相同，爱任纽认为上帝造人并不是一次完成，刚被造的人只是拥有了上帝的"形象"，上帝的"样式"则作为一种潜能被赋予在人性之中，人只有经历苦难的锻炼，才能把这种潜能实现出来，最后获得上帝之"样式"，而这也是创世的目的。所以，苦恶的意义就在于它能磨砺人类的灵魂，促进灵性的增长，以将这种潜在的上帝之"样式"实现出来。希克据此主张，对苦难奥秘的解答，不应总是纠缠于过去，而应放眼未来，并且这个奥秘只有借着信仰直到末世才可见，在此，希克将苦难看作为上帝实现其目的的一种手段。②

但普兰丁格认为这种解释并不严密，虽然有些苦难能够培养怜悯、同情、自我牺牲等高尚的品质，但还有更多的恶却是人类灵性成长的灾难，比如许多人在苦难的环境下反而会变得愈加狡诈、贪婪和残忍，有些灾难（如儿童过早夭折）甚至直接就断送了灵性增长的机会。所以这类神义论面临着一个"恶过多"的问题，有些苦难可以被看作是实现善的条件，但更多的恶，似乎与此无关甚至还起到相反的作用。③ 这种神义论至多只是解释了一部分的恶，而对更多的恶无能为力，因此，普兰丁格认为这种类型的神义论对于恶难题解释得不够全面。

对于恶的难题，普兰丁格自己提出的替代方案是"辩护"（defense），与神义论不同，辩护方案仅试图证明，上帝与恶和苦难的存在是逻辑上相

---

① 参见：梁燕城. 苦罪悬谜——从中西哲学探索"恶的问题"［M］. 香港：天道书楼有限公司，1980：34.
② 参见：HICK J. Evil and the God of Love［M］. London：The Macmilian Press LTD. 1977：261.
③ 参见：PLANTINGA A. Alvin Plantinga——Self-Profile［M］// TOMBERLIN J E，VAN INWAGEN P. Alvin Plantinga. Holland：D. Reidel Publishing Company，1985：35.

融贯的；该方案至多只告诉人们，上帝允许恶和苦难存在的可能原因。而神义论则要为上帝允许恶的存在提供一个确定的理由，并且说服人们相信这个理由为真。

普兰丁格从自由意志角度对恶难题做出了辩护，其主要观点为：一方面，为了创造这样一个宇宙，在其中造物可以在面对诱惑时自由地选择行善，允许一定恶的存在是值得的。另一方面，如果不允许这一定恶的存在，则上帝就有可能无法创造这样一个宇宙，在其中造物可以在面对诱惑时，自由地选择行善。①

需要注意，普兰丁格的这种自由意志辩护是建立在对"自由意志"与"决定论"之间不相容主义的理解的基础上。也就是说，"如果某人在某一行为上是自由的，则……没有任何的前提和/或因果法则决定了他是否履行了该行为"。② 因此，如果是上帝导致了其造物仅仅行善，则他们就不是在自由地行善。③ 于是，为了保证其造物是在自由地行善，上帝就不能单方面决定他的行为，而是要让他自己在面对诱惑时选择行善还是作恶。而一旦上帝让其造物进行自由地选择，这些造物就有可能自由地选择作恶，这就是有恶和苦难存在的可能原因。

与神义论相比，普兰丁格的"自由意志辩护"方案又表现出六个特点：

（1）可虚拟性。辩护方案可以为达到其目的构造一种"可能事态"，只要它不违背逻辑规律，这个事态可以不是在现实世界中；而神义论所提供的语境和答案不能离人们的现实太远，否则人们难以接受。但辩护方案并不要求其提出的可能事态一定要被相信，只要其在逻辑上可能。

（2）只要求可能性，不追求现实性。普兰丁格特别意识到人类理性的界限，因此他的辩护方案不似神义论去追求一个确定的恶的原因，而只提

① 参见：ADAMS R M. Plantinga on the Problem of Evil［M］// TOMBERLIN J E, VAN INWAGEN P. Alvin Plantinga. Holland：D. Reidel Publishing Company, 1985：226.

② PLANTINGA A. God, Freedom and Evil［M］. Grand Rapids：William B. Eerdmans Publishing Company, 1974：29.

③ PLANTINGA A. God, Freedom and Evil［M］. Grand Rapids：William B. Eerdmans Publishing Company, 1974：30.

供一个"有可能"的参考；而神义论则认为可以解释恶难题的确切原因。

（3）符合"奥卡姆剃刀"即思维经济原则。普兰丁格认为神义论超出了解释问题的实际所需，制造了不少晦涩的范畴；而辩护方案采用清晰可证的逻辑方法，不轻易添加新的概念，并自动给出所能解决问题的范围，这样反而更易解决问题。普兰丁格认为，只要证明恶的存在与上帝的存在及属性之间不是一种逻辑上的矛盾关系即可，而不需要确定上帝允许恶存在的原因。

（4）辩护方案的"可满足感"不如成功的神义论。普兰丁格承认，神义论一旦真正成功，它将会有一个很明显的优势，即人们能够从那里获得比辩护方案更大的满足感（因为他们发现了恶的奥秘，而辩护方案承认目前不可能知道这个奥秘）。问题是现在看来所有的神义论似乎都还没有做到这一点。

（5）辩护方案在很大程度上是一个认识论的问题，是研究恶的事实能否构成一神论信念的"否决因子"（defeater），它本身就包含了对理性的自我批判；而神义论则有理性上的独断论倾向，它以给出一个最终的答案为目的。

（6）辩护方案比较符合《圣经》的教导，它开宗明义地承认了有限的人不可能真正知道无限者上帝允许苦难和恶的理由，但神义论者却试图通过人类理性发现这个理由。

笔者认为，在上述六个方面，普兰丁格把自己对恶难题的辩护方案与传统神义论区别开来。虽然它们都是讨论恶的问题，都是被用来维护基督教信念的合理性。

第二节　辩护方案与神义论共同的不足

但是普兰丁格承认，传统神义论缺失的一些功能，对辩护方案而言同样存在，主要有如下两个方面：

一方面，两者都不能对个别事件进行解释。当某一特定的恶或苦难发生时（如你身边朋友遇到车祸），神义论和辩护方案都不能提供上帝之所以这样做的任何线索。如果你的某一位亲人突然被枪杀，你不要指望神义论或辩护方案能告诉你什么。两者只提供一般性的解释或辩护，并不涉及生活中的个别事件。

另一方面，两者都没有"教牧的功能"（pastoral function）。神义论和辩护方案都不是被设计用来帮助苦难中的人渡过他们灵魂中的那场风暴，当一个人悲痛欲绝时，不论多么完美的理论都不能让他好过一些，反而有可能像"约伯的安慰者"一样令人讨厌。① 就像《约伯记》的主角约伯在该书16章2节所说："这样的话我听了许多；你们安慰人，反叫人愁烦。"

普兰丁格在这里的主张与基督教的传统一致，即对一个正遭受苦难的人较好的安慰方法并不是向他进行理论上的说教，而是应当表达同情，伸出援手，与他一起承受痛苦。

鉴于上面所论及的缺陷，普兰丁格建议，面对苦恶事实，基督徒必须承认他并不知道苦恶的原因，如果基督徒因此而感到困惑或者烦恼，那么他们所需要的并不是思辨的哲学，而是宗教安慰（religious counsel）。所以对于基督徒来讲，他们应当从基督教本身的教义资源中去寻求那种满足。

在普兰丁格看来，基督教与其他一神论宗教（theistic religions）的首要差别是："基督教的上帝愿意进入世界并且与他的创造物一起承担苦难，为的是救赎他们和世界。"② 虽然这仍然没有解释苦难的原因，但它可以帮助基督徒了解，他们所信靠的是一位"慈爱的父"（Loving Father）。当人类遭遇苦难时，上帝并没有袖手旁观，他不是冷漠的，和人类相隔遥远的。与一些神学家的观点不同，普兰丁格认为上帝同样也会受苦，当耶稣基督即将被钉死在十字架上时，差遣他的上帝也做好了忍受这个耻辱和死亡的准

---

① 参见：PLANTINGA A. God, Freedom and Evil［M］. Grand Rapids：William B. Eerdmans Publishing Company，1974：28 - 29.

② PLANTINGA A. Alvin Plantinga—Self-Profile［M］// TOMBERLIN J E，VAN INWAGEN P. Alvin Plantinga. Holland：D. Reidel Publishing Company，1985：36.

备。所以，虽然基督徒不知道上帝为什么要让苦恶存在，但基督徒却知道上帝为着人类受苦。也许上帝有一个超越了人类理解范围的终极目的，为了这个目的他要求人类遭受苦难，但是上帝自己也为了这个目的承受了比人类更大的苦难。而这点，是被其他一神论宗教所否决的。①

可见，普兰丁格虽然批评了神义论，但遇到信徒具体的苦难问题时，他仍是以基督教的正统信仰为归宿，他的上述观点与十字架神学（the theology of cross）的神义论比较接近（当然普兰丁格已不把其理解为一种神义论，而只是一种宗教安慰了）。在这点上，他与基督教正统思想并没有什么不同。当代不少神学家或基督教哲学家都承认神义论在某种程度上的失败，像早年写过《恶和爱之上帝》这样神义论巨著的希克，后来干脆就说神义论本身就是一个"神话"。德语学者奥特也直言不讳地指出了这点：

　　任何思辨的，在这里亦即是解说性的，理性地进行解答的回答，都将被神义论问题的严重性所击败。试图理性地解决恶之谜的不同的通俗"答案"中，没有一个能够令人满意。而尽管如此，人们却不可以把这个问题宣布为"错误的""不真的""依据一种思维错误的"，并予以取消。这个问题必须提出。它是必然的。但是，我们之所以必须提出它，仅仅是为了弄清楚，对它来说不可能有任何回答（在我们的实例中就是：不可能有任何理性的回答，不可能有任何可理解的回答）。

　　……但看来，这个问题恰恰作为不可理性地回答的问题而对神学具有一种重要的意义……但恰恰是对我自己的罪咎的这种意识和自我说明，指示我与解放者上帝相遇。在这种情况下，我期待于上帝的不是说明我过去和现在为什么犯罪，而是从我的存在之有罪咎的无意义

① 参见：PLANTINGA A. Alvin Plantinga—Self-Profile［M］// TOMBERLIN J E, VAN INWAGEN P. Alvin Plantinga. Holland：D. Reidel Publishing Company，1985：36.

性的强制解放出来。①

神义论问题的不可解决性，使我们由此而注意到神学思维处境中的一个基本事态，即神学开端的不可追问性。②

不过我们在后面几章可以看到，普兰丁格还是提出了像自由意志辩护方案这样有建设性的理论，而没有仅仅停留在对神义论的批评上。他不只是发现和消解问题，还提供了一些新的出路，并且有详细论证，或许这就是他的价值所在。

第三节　普兰丁格理解的约伯

普兰丁格的上述思想与他对《旧约》中《约伯记》的主角约伯的理解也是一致的。据《约伯记》记载，义人约伯不知何故惨遭灾祸，之后又受到他朋友适得其反的"安慰"，从而在言语中对上帝有所不敬："你手所造的，你又欺压，又藐视，却光照恶人的计谋，这事你以为美吗?"此后，耶和华在旋风中显现，但他没有解释约伯受难的原因，只是向他显示了自己的智慧和大能。

对于约伯的上述行为及耶和华的回应，普兰丁格提出了两种解释角度，首先是从约伯的理智角度，其次是从约伯的情绪角度。相应地，普兰丁格对上帝对约伯的回应做了两种解释。

角度一：约伯提出自己为什么受苦的问题是理智上的，即他确实不明白为什么上帝会这样待他，因此他希望上帝能告诉他这些事件发生的原因。并且，因为对自己过去的行为非常有信心，约伯倾向于认为上帝没有一个

---

① 奥特，奥托. 信仰的回答——系统神学五十题 [M]. 李秋零，译，香港：道风书社，2005：174.

② 奥特，奥托. 信仰的回答——系统神学五十题 [M]. 李秋零，译，香港：道风书社，2005：175.

正当的理由让自己遭受如此大的苦难，如果这样，约伯便可以希望上帝恢复他原有的生活。

普兰丁格分析到，约伯的疑问其实隐含了这样一个前提："如果约伯想不通上帝可以有什么理由，那么上帝大概并没有什么理由。"① 但是，正如前文所述，人不知道苦难存在的理由，并不能代表上帝就真的没有这个理由。

最高的智慧者上帝当然明白这点，所以当他从旋风中回答约伯时，并没有直接回答约伯的问题，而只是攻击了约伯问题后面隐藏的那个假设，"即由他看不见上帝的理由至他大概并没有理由的推论"。② 普兰丁格指出，上帝是"借着指出约伯的知识与上帝的知识之间的鸿沟来带出这一点的"。③ "我立大地根基的时候，你在哪里呢？你若有聪明，只管说吧！"耶和华在展示自创世以来的大能和奇迹之后，约伯在主面前谦卑了，他意识到自己的前提错了（或不那么正确），他看到自己与上帝在知识上的无限鸿沟，看到了上帝的伟大和自己的渺小，这样他自然不会再批判上帝，而是全然地信从他的带领。

角度二：普兰丁格认为约伯的控诉只是一种情感上的宣泄，是对自己不幸遭遇所表达的愤怒，他并不想知道如此的原因，因为不论上帝有什么理由，在约伯看来，这都是对自己的不公。就像别人伤害了你一样，不论他给出多么具有说服力的理由，你依旧在情感上无法接受。在那个时候，你最需要的就是尽快让心境平静下来。

所以，普兰丁格认为，上帝这时做的，就是要让约伯恢复到一种平和的、放松的心态中，而耶和华也正是这么做的。当耶和华展示他在创世以来的大能之后，约伯的心灵被大自然的崇高和壮美所触动，约伯的心境归

---

① 普兰丁格. 基督教信念的知识地位 [M]. 邢滔滔，徐向东，张国栋，等，译. 北京：北京大学出版社，2004：545.

② 普兰丁格. 基督教信念的知识地位 [M]. 邢滔滔，徐向东，张国栋，等，译. 北京：北京大学出版社，2004：545.

③ 普兰丁格. 基督教信念的知识地位 [M]. 邢滔滔，徐向东，张国栋，等，译. 北京：北京大学出版社，2004：545.

于宁静后，他对上帝的信心又重新胜过了对上帝的怨恨，如普兰丁格所说：
"再一次，爱和信靠取代了疑惑和喧嚷。"① 上帝让约伯回到了正常的情绪当
中，约伯对上帝的信心便自然而然地战胜了对上帝的怨恨。中国人讲的
"心悦诚服"说的也是这个意思，只有心情处在一种愉悦轻松的状态，才有
可能真正地信服。或者说，真正的诚服是一种发自内心的快乐的服从，而
不是一种外在强制性的驱迫。

可以看到，不论约伯的反应是上述情况的哪一种（理智的或感情的），
抑或是两者兼之，上帝都用一个较为恰当的途径给出了答复。普兰丁格的
研究者克拉克（Kelly James Clark）受此启发认为，《约伯记》的主题之一
就是给出一个"约伯的鉴戒"，即"对神性心灵的窥视应该要保持警惕"；②
"然而，《圣经》中却没有启示过神义论，上帝当然没有俯就地向我们启示
他允许恶存在的理由"③。换言之，如果连《圣经》都没有提供一种成功的
神义论，则人更加无法通过哲学为上帝做出完美的辩护。

不难看到，普兰丁格认为在恶这一难题上，人们应时刻牢记自己的界
限，对该难题的理解应以上帝的启示为标准，如果上帝没有启示恶和苦难
的原因，人们就不能单凭自己的理性提出某种独断的神义论。神义论的错
误在于试图用人类的言语取代上帝的言说；而人类言说上帝时出现的矛盾，
也不代表上帝存在着矛盾。因此普兰丁格建议，应当承认人类很多时候无
法发现上帝允许恶存在的确定理由，他所提出的辩护方案，就是试图寻找
上帝允许恶存在的某种可能理由。在厘清了这一问题之后，普兰丁格结合
"可能世界"的知识与自由意志学说，提出"自由意志辩护"，表明了仅在
逻辑上，上帝确实有可能创造了一个包含恶的世界，这样，上帝与恶就不
会有逻辑上的矛盾了。这将是下面第三章的主题。

① 普兰丁格. 基督教信念的知识地位 [M]. 邢滔滔，徐向东，张国栋，等，译. 北京：北京
大学出版社，2004：546.
② 克拉克. 重返理性 [M]. 唐安，译. 北京：北京大学出版社，2004：65.
③ 克拉克. 重返理性 [M]. 唐安，译. 北京：北京大学出版社，2004：62.

第三章
自由意志辩护

在与传统的神义论做出区别后，普兰丁格提出了自由意志辩护（The Free Will Defense），它要说明：

（1）上帝是全能、全知和至善的。

（2）世上存在着恶。

这两个命题不是逻辑上相矛盾的（inconsistent）；或者可能存在着一个可能世界，在里面（1）和（2）可以同时为真，这样，（1）（2）并存并非逻辑上的不可能。[①] 他的这套辩护方案是可能世界理论与自由意志学说的结合，其理论渊源分别可追溯到莱布尼茨和奥古斯丁。寻求一个特定的可能世界是普兰丁格的目标，而自由意志就是达到这一目标之手段和理由。

第一节　可能世界与上帝

对可能世界有两种比较简单的定义（也有认为可能世界是不能被定义只能被描述的），一种定义被归为心理主义：可能世界是可想象的所有世

---

① 参见：PLANTINGA A. The Nature of Necessity［M］. New York：Oxford University Press，1974：165.

界，也就是人能想象的任何一个世界，现实世界是可能世界中的一个；另一种定义被归为逻辑主义：可能世界是逻辑上一致的世界，即任何不包含逻辑矛盾的世界是可能的。① 莱布尼茨和普兰丁格对可能世界的看法都属于逻辑主义阵营，但还应当注意两个人的基督教背景，笔者将侧重从可能世界与上帝的关系这个视角，来看待这两个人的可能世界理论。

是莱布尼茨最先提出了可能世界的理论，但普兰丁格的自由意志辩护方案对莱布尼茨还有所批评，因此，有必要简明地回顾一下他的相关思想。②

可能世界理论并不完全是复杂的纯逻辑问题，莱布尼茨之所以提出这个理论是要配合说明他的单子论和神义论学说，或者说，要为他的上帝观服务。也许有两个重要哲学命题的提出与可能世界理论有关：

命题一，现实的就是最好的，最好的就是现实的。③ 意思是：在创世之前，在上帝的理智中存在着各种各样的可能世界，因为上帝是全能的，他可以任意地实现其中任何一个可能世界，但是，由于上帝也是至善的，所以他最后选择创造的世界必定是所有可能世界中最好的一个；又因为上帝是全知的，所以他知道哪个世界将是最好。因此，是上帝保证了现实世界是最好的一个世界。"最好"的意义是这样的：对它的任一修改都将使它变坏（或不如原先好）。

命题二，世上没有两片完全相同的叶子。④ 这个命题还不仅仅指现实世界（或自然界），实际上莱布尼茨主张，在所有的可能世界中，个体都是独一无二的。比如，哲学家冯友兰存在于现实世界当中，但在上帝的理智那里，还有作为律师的冯友兰，作为军人的冯友兰，作为小说家的冯友兰等，

---

① 参见：陈波. 逻辑哲学 [M]. 北京：北京大学出版社，2005：330.
② 参见：韩林合. 分析的形而上学 [M]. 北京：商务印书馆，2003：336-337.
③ 在莱布尼茨的著作中并不能找到完全与之一致的话，是研究者对其思想的概括。对于这一思想，有兴趣读者可以参考：莱布尼茨. 神义论 [M]. 朱雁冰，译. 香港：道风书社，2003：489.
④ 莱布尼茨的原话是："每一个单子甚至必然有别于其他任何一个单子，因为在自然界中绝没有两个完全一样的本质。"参见：莱布尼茨. 神义论 [M]. 朱雁冰，译. 香港：道风书社，2003：480.

他们构成各自不同的可能世界（莱布尼茨认为可能世界只存在于上帝的理智当中，并无实在性）。但不论是什么样"可能的冯友兰"，在所有的可能世界里都只有一个（唯一性）。因此，现实世界里不可能有两个本质完全一致的个体，在所有可能世界里，也不可能有两个本质完全相同的个体。每个可能个体都是界 – 限个体（world-bound individual），没有"跨世界的个体"（trans-world individual）。并且，正是上帝把那个作为哲学家的冯友兰及其所属的可能世界变成现实的了（赋予其实在性）。

总之，莱布尼茨的可能世界理论与上帝有着密切的联系，在上帝的理智中有着无数个可能世界，上帝选择了其中一个将其创造出来，并且这个是最好的世界。当然这里更多考虑了可能世界理论中的基督教因素，一般认为，可能世界理论为探索"必然性的本质"（the nature of necessity）这一问题做出了贡献：在什么意义上才能称一个命题 P 必然为真？引入了可能世界概念后就可以这样清楚地定义：当 P 在所有可能世界都为真时，它就是一个必然的命题（如同一律 A = A）；当 P 在若干个可能世界里为真时，它就是可能的命题（如冯友兰是一位律师）；当 P 在现实世界为真，而在其他若干可能世界里为假时，它就是偶然的命题（如行星上有液态水）；如果 P 在所有可能世界中都为假，那么它就是不可能的（如方的圆）。

到了普兰丁格时代，模态逻辑体系日趋成熟，可能世界理论也随之更加完善，普兰丁格将这些成果运用到了他的护教学上，提出了名噪一时的"模态论的上帝本体论证明"，该证明被认为是改变了哲学界中的一个定论，即"康德永远推翻了本体论证明"。从《必然性的本质》这本书的章节编排顺序来看，普兰丁格先是完成了将可能世界理论运用到对恶的问题的辩护之后，再提出他的本体论证明的。所以，对恶的问题的辩护与他的本体论证明应当是同等重要，甚至更具基础地位。

普兰丁格在自传中回忆到，他是于 1963 到 1964 年开始对可能世界理论有了断断续续的思考，在 1968 到 1969 年间，普兰丁格作为"行为科学高级进修中心"（the Center for Advanced Study in Behavioral Science）里的一员，形成了他关于可能世界的主要看法。①

与莱布尼茨从个体（单子）的角度来理解可能世界不同，普兰丁格是从事态（the states of affairs）的角度来理解可能世界。

事态：如 $7+5=12$，柏拉图是《理想国》的作者，自己正在打字等。因为这些事态是被人类知识或经验所公认（obtain）的，② 所以它们都是现实（actual）事态。③ 与此相反，凡是得不到人类知识或经验公认的事态，就是非现实事态。非现实事态又依其在逻辑上的可能分为两种情况：第一，某些非现实事态是完全不可能的，如 $7+5=75$，柏拉图既比自己高又比自己矮，方的圆等，因为它们违背了基本的逻辑和数学规律，无论如何也不可能发生，是没有任何逻辑上的可能性的。第二，某些非现实事态是可能的，如耶稣到过印度，一个人可以一跃从地球跳到月球上。这些事态虽然违背了人类已知的历史知识或物理学定律，但它们在逻辑上有发生的可能，人们可以想象这类事态的发生，这种有着逻辑可能性的事态被称为可能事态。

命题：每个事态都有一个命题与之对应，现实事态对应真命题，如 $7+5=12$（既是一个事态，也是一个命题）；非现实事态对应非真命题，如光速小于音速，$7+5=75$ 等。

命题与事态相互对应，事态可以构成可能世界；一个可能世界对应着一组可能事态的集合，所以，一个可能世界也对应着一组可能命题的集合。前面说到，普兰丁格是从事态角度来理解可能世界，事态是可能世界的基本元素或结构，所有的可能事态都"存在（exist）"，④ 但只有现实事态得到

---

① 参见：PLANTINGA A. Alvin Plantinga—Self-Profile［M］// TOMBERLIN J E，VAN INWAGEN P. Alvin Plantinga. Holland：D. Reidel Publishing Company，1985：88.
② 将 obtain 译作"公认"遵从了吴增定先生的翻译，另有谢文郁先生将其译为"已得"，陈波先生将其译为"获有"。
③ 参见：PLANTINGA A. God，Freedom and Evil［M］. Grand Rapids：William B. Eerdmans Publishing Company，1974：34-40.
④ 普兰丁格在这里区分了"存在"（exist）与"现实"。比如，像"飞马""独角兽"这样的东西仍然是存在于我们的想象当中的，尽管它们都不可能是现实的。所以，存在的不一定是现实的，而现实的肯定是存在的。

了公认。由于是事态而不是个体是可能世界的基本结构，所以只能谈论一个事态是否获得现实化（如冯友兰是哲学家），而不能说某一个体（如冯友兰）是否获得现实化。

前面提到，莱布尼茨认为，假如一个命题 P 在每个可能世界中都为真，那么它就是必然的。普兰丁格在此基础上还区分了"必然的存在"（necessary being）与"偶然的存在"（contingent being），认为："一个必然的存在就是在任何可能世界中都存在的存在，一个偶然的存在仅仅在某些可能世界中存在。"①并且他认为，性质（properties）、命题、事态都是必然的且抽象存在的对象（如：是红色，7 + 5 = 12）；上帝则是唯一必然的且具体存在的对象，它们都在每个可能世界中存在，亦是说，在任何一个可能世界，都有性质、命题、事态和上帝存在。②

虽然普兰丁格的可能世界理论对莱布尼茨的相关理论作了一些修正，但在为上帝辩护这一目标上两者一致。他的自由意志辩护主要是在处理上帝与可能世界的关系，中心议题就是：上帝究竟能现实化一个怎样的可能世界？

普兰丁格如此定义可能世界："可能世界是事物本来就可以存在的方式，是世界本来可以存在的方式；……它是一种可能事态，一种在宽泛逻辑的意义上（broadly logical sense）的可能性事态。"③ 如前所述，这种定义属于逻辑主义，并且是从事态的角度来理解可能世界。他的这种观点也被看作"温和的实在论"，即认为可能世界存在于现实世界当中，但只有现实世界获得了公认。具体可分两点理解：

第一，在这种定义下，可能世界是"存在的"，它绝不仅是某种"说话方式"（facon de parler），也不能因为没有对它的存在的承诺（commitment）而被取代。

---

① PLANTINGA A. God, Freedom and Evil [M]. Grand Rapids: William B. Eerdmans Publishing Company, 1974: 39.

② 参见: PLANTINGA A. Alvin Plantinga—Self-Profile [M] // TOMBERLIN J E, VAN INWAGEN P. Alvin Plantinga. Holland: D. Reidel Publishing Company, 1985: 90.

③ PLANTINGA A. The Nature of Necessity [M]. New York: Oxford University Press, 1974: 44.

第二，普兰丁格把可能世界当成一种事态或者事情本来可以发生的方式来看待，因此，可能世界与性质，命题或者集合类似，都是抽象的对象、非物质的（immaterial）对象（后面这点类似上帝）；是与生命、行为或原因性关系（causal relations）本质地无关的（这点不像上帝）。上帝是具体的，因为他与生命、行为及原因关系直接相联系。① 这说明，与莱布尼茨的"前定和谐说"不同，普兰丁格主张上帝与世界一直保持联系。

但是，可能世界虽然是可能事态，但并不是所有的可能事态都能构成一个可能世界。普兰丁格认为，只有一个"完全的（complete）或最大的（maximal）"可能事态可以构成一个可能世界。"完全"（completeness）意味着，"A 是一个完全的或最大的事态，当且仅当对于任何事态 B 来说，要么 A 包含 B，要么 A 排除 B"。② 这意味着事态 A 再进一步扩大就将包含逻辑矛盾。所以这一规定可以防止逻辑矛盾的出现，这种"完全"意味着可能世界对人类的想象是无限开放的，也对逻辑上的可能性完全开放，可任意构造一个可能世界，只要它没有包含逻辑矛盾。

普兰丁格认为可能世界有两个基本性质：

第一，在所有的可能世界中，至少有一个现实世界存在，并且至多只有一个现实世界存在。③ 这个现实世界对应所有真命题（如 7 + 5 = 12，柏拉图是《理想国》的作者）。

第二，某一对象既存在于现实世界中，也存在于其他的可能世界中。当人们说某个对象存在于可能世界 W 时，意思是，"若 W 曾经是现实的，那么这个对象就会存在"。比如，"冯友兰"，就存在于"冯友兰是哲学家"

---

① 参见：PLANTINGA A. Alvin Plantinga—Self-Profile［M］// TOMBERLIN J E，VAN INWAGEN P. Alvin Plantinga. Holland：D. Reidel Publishing Company，1985：98.

② PLANTINGA A. Alvin Plantinga—Self-Profile［M］// TOMBERLIN J E，VAN INWAGEN P. Alvin Plantinga. Holland：D. Reidel Publishing Company，1985：45.

③ 证明如下：假设有可能世界 W 与 W′现实存在，若 W≠W′，则说明至少有一个事态 S 不为 W 与 W′所共有，因为可能世界都是"完全的或最大的"，所以它们中的一个或者包含 S，或者包含 −S（S 的否定）。假设是 W 包含 S，则 W′必然包含了 −S（根据完全或最大原则），这样就出现了 S 与 −S 同时并存的情况，而这是矛盾的，故 W = W′。

或者"冯友兰是律师"这两个可能世界的事态中。

可以通过分析哲学中的语境原则来理解普兰丁格的上述理论。比如，如果一位作家写了一部小说，在里面冯友兰成了军人，按照普兰丁格的上述观点，只要这部小说写出来了（现实化了），就能在那本小说的语境下说，冯友兰是一个军人，即冯友兰作为军人是存在的。当然按常识有人可能会认为作为军人的冯友兰与作为《中国哲学史》作者的冯友兰或北京大学哲学系教授的冯友兰有着本质上的不同，但这种不同是由语境带出的。人们仍可追究，当说"《中国哲学史》作者冯友兰"和说"北京大学哲学系教授冯友兰"时，这两者在语境上也不完全一样。①

那创世的上帝与可能世界之间又有何关系？普兰丁格认为："严格说来，上帝根本没有创造任何可能世界或可能事态。他所创造的是天堂、尘世以及它们所包含的所有东西。……上帝通过创世行为使一些可能事态现实化了。"②但这并不是创造可能事态本身，也没有使哪种可能事态获得了存在，而只能说上帝使某一个可能事态现实化了（获得其现实性）。比如，上帝只是使"苏格拉底存在"这一事态在公元前的某一天现实化了，但他没有创造"苏格拉底存在"这一可能事态。

普兰丁格的上述观点实际上建立在这样的一个前提上：现实的存在既有时间范围（比如苏格拉底在他出生之前并不存在，所以可以说是上帝现实化了"苏格拉底出生"这一事态），也有逻辑范围（比如不可能存在方的圆，这一点即使全能的上帝也要遵守）；但可能事态的存在没有时间范围（正是在这一点上不能说可能事态是被上帝所创造），而只有逻辑范围（比如"苏格拉底存在"和"苏格拉底不存在"这两个可能事态中至少有一个在任何时间里都存在，因为这两个事态分别对应两个互相矛盾的命题，根

---

① 参见：谢文郁. 存在论的新动向：偶态分析 [J]. 哲学动态，2006（2）：24 - 28.

② PLANTINGA A. God, Freedom and Evil [M]. Grand Rapids：William B. Eerdmans Publishing Company，1974：38 - 39.

据排中律，① 其中必然有一个为真）。正如他所说："曾经有一个时间尘世并不存在，但没有哪个时间构成尘世存在的事态根本不存在。"② 所以，上帝并没有创造某一个可能事态，而仅是让某个（抽象存在的）可能事态现实化了。

对照莱布尼茨的观点，普兰丁格和他的进一步区别在于，莱布尼茨认为可能世界仅存在于上帝的理智当中，人只能想象在上帝的理智中会有什么样的可能世界，但这些可能世界并不存在于现实世界人的想象当中，所以这些可能世界缺乏实在性；并且上帝的全能意味着，他可以实现其中的任意一个可能世界。但普兰丁格并不认为可能世界存在于上帝的理智当中，而主张可能世界应当更具有实在性，可能世界就存在于现实世界当中。他说道："它们中的每一个都存在（exists），存在于现实世界中，尽管它们都不是现实的。"③ 所以，可能世界在普兰丁格这里具有的本体论地位比在莱布尼茨那里要高；更重要的是，普兰丁格主张，上帝虽然全能，但他也不能任意现实化某个可能世界，因为还有具有自由意志的创造物存在。在莱布尼茨那里，可能世界存在于上帝的理智当中，因而上帝可以任意现实化其中的一个可能世界。但在普兰丁格这里，可能世界存在于现实世界中，因而上帝在现实化某个可能世界时就可能受到来自人的因素的制约。

---

① 排中律的内容是：两个互相矛盾的命题不能同假，必有一真。所以，"苏格拉底存在"与"苏格拉底不存在"这两个互相矛盾的命题必有一个是真的，不可能同时为假，再联系到其对应的可能事态，在苏格拉底存在或苏格拉底不存在这两个可能事态中至少有一个可能事态是在任何时间里都存在的（如果两个都不存在，就不符合排中律了）。既然它们从来就有，也就没有它们是被谁创造这样的问题了。

② PLANTINGA A. God, Freedom and Evil [M]. Grand Rapids：William B. Eerdmans Publishing Company, 1974：39.

③ PLANTINGA A. The Nature of Necessity [M]. New York：Oxford University Press, 1974：48.

第二节　自由意志

普兰丁格理解的自由是不能被任何东西所"决定"的，如果是被"决定"的，那就不能被称为自由。他区分了"决定"与"限制"，希望能解决好必然与自由的关系；还区分了"有道德意义"的自由和"无道德意义"的自由，以便更准确地来处理恶的问题。普兰丁格这样理解自由：

> 如果一个人在某一特定的行为上是自由的，则意味着他有实施那个行为的自由，也有不实施那个行为的自由；没有原因性法则（causal laws）和先行条件（antecedent conditions）可以决定他实施或不实施那个行为。在那时，实施与不实施皆在他的能力范围以内。①

普兰丁格的这一定义被他的研究者克拉克认为是"自由意志的反因果定义"（contra-causal definition of free will），意思是说，如果一个人在实施某一行为时是因为环境所迫，或是被基因决定，或是有上帝的干预了，就不能称那个人在该行动上为自由的。②

这种观点还被称为对自由意志的"不相容主义的看法"（incompatibilist view），即认为自由意志与决定论（determinism）在逻辑上是不相容的，人们不能一边说自己是自由的，一边又说上帝决定了自己的行为，一旦这样说了就是矛盾的；一些反自由意志辩护者则持"相容主义的看法"（compatibilist view），这种观点主张，自由意志与决定论在逻辑上是可以相容的，即我们可以一边说自己是自由的，一边又说自身的行为是被上帝决

---

① PLANTINGA A. The Nature of Necessity [M]. New York：Oxford University Press, 1974：165 – 166.

② 参见：克拉克. 重返理性 [M]. 唐安，译. 北京：北京大学出版社，2004：52.

定的，当这样说时并不矛盾。①

怎么看待自然法则及其他一些先定条件与自由的关系？普兰丁格区分了"被决定"（be determined）与"被限制"（be limited）。例如，张三想锻炼身体，所以张三选择去跑步（这是自由的），但是张三也不能自由地在1分钟内跑一次马拉松，张三不能在这么短的时间里跑一次马拉松，这就是被限制的，被某些自然法则或物理条件限制了。所以，当说张三是自由时，并不是说张三能做任何事，张三仍然是被一些原因性法则和先定条件所限制的，但这并不意味张三就没有了自由，因为让张三不能在1分钟内跑一次马拉松的原因性法则和先定条件并不决定张三现在去跑步或不去跑步，张三的选择仍是自由的。

在人类的日常生活中，往往有两种类型的自由选择，一种像张三今天的晚餐是吃米饭还是吃面条，这类选择通常可以说是无关道德意义的；另一种像张三拾到了一个钱包，他是将它还给失主还是自己留着？这类选择就是有道德意义的。普兰丁格将后面这种类型的自由选择称为是有"道德上的意义的"（morally significant）。他的意思是，只有"有道德上意义的"自由才是"有意义的"自由（significantly free），第一种类型的自由选择因为没有道德上的意义，它通常情况下并不能导致恶的出现，所以不是这里的讨论重点，与恶的问题息息相关的自由选择应当是后者。

通过上面的论述，普兰丁格得到了对"道德的恶"（moral evil）和"自然的恶"（natural evil）的定义："在一个对他来说是具有道德意义的行为上，人类如果做错了，那么道德的恶就产生了；任何其他的恶是自然的恶。"② 比如希特勒对犹太人的屠杀属"道德的恶"，而地震、海啸则算作"自然的恶"。后面可以看到，普兰丁格对这两种恶都提出了自由意志的辩护。

---

① 参见：麦克·彼得森. 理性与宗教信念——宗教哲学导论［M］. 孙毅，游斌，译. 北京：中国人民大学出版社，2005：176.

② PLANTINGA A. The Nature of Necessity［M］. New York：Oxford University Press，1974：166.

第三节　自由意志辩护的过程

为了证明：（1）上帝是全能、全知和至善的和（2）世上存在着恶，这两个命题不是逻辑上相矛盾的，普兰丁格认为要找到一个第三方命题（3），使得（1）与（3）的合取蕴涵命题（2）。符号表示为：（1）∧（3）→（2）。这个命题（3）只是一个可能的命题，只要求它是"存在"的，并不要求人们公认命题（3）是"现实"的。前面提到过，普兰丁格区分了"存在"（只要在逻辑上一致即可）与"现实"（不仅要在逻辑上一致，还需被现实化，也就是说，需要人类经验的证实），比如飞马是存在的（人可以想象，它存在于人的理智当中，因为没有逻辑矛盾），但它不是现实的（在现实世界中找不到，得不到经验的证实，所以只存在于可能世界当中）。普兰丁格认为只要证明（3）是"存在"的就足够了，并不需要证明它是"现实"的。这样就足以说明（1）与（2）不是逻辑上相矛盾的一组命题了。而那种试图证明（3）是"现实"的想法是神义论的任务，但普兰丁格认为这超出了解决问题所需。

怎么找到这样一个命题（3）？普兰丁格说明了若有一个可能世界 W，它同时包含了命题（1）、（3）、（2），或者说，在那个可能世界 W 里，（1）、（3）、（2）可以共存，那么他就证明了（1）∧（3）→（2），也许就可以发现那个命题（3）。尽管这个可能世界 W 或许只是"存在"的，而不一定是"现实"的。

于是，现在的问题就变成：这样一个可能世界 W 究竟是什么样？对这个问题的回答正是自由意志辩护的首要工作，普兰丁格对此先给出了一个初步陈述，它有如下五个要素：①

---

① 参见：PLANTINGA A. The Nature of Necessity［M］. New York：Oxford University Press，1974：166－167.

第一，在其他情况相同时，创造物拥有"有意义的自由"的世界，比创造物没有"有意义的自由"的世界要好。这一条突出了自由的尊贵，尊贵并不仅是人的看法，而是上帝认为自由是很尊贵的。

第二，上帝创造了有自由的创造物，但他不能使得他们只能做正确的事，或者决定他们只能做正确的事，如果他们因为上帝而只能做正确的事，那他们的自由就不是"有意义的自由"了，他们也就不是在自由地做正确的事了。

第三，为了创造出能够自由地做善事的创造物，上帝必须让他们也能够自由地做道德上恶的事，上帝不能够一方面让他们能够自由地做道德上恶的事，一方面又阻止他们这样做。

第四，上帝实际上创造了拥有"道德意义上的自由"的创造物，但他们中的一部分在使用他们的自由时犯了错误，这是道德的恶的源泉。

第五，虽然出现了第四种情况，但这并不有损于上帝的全能和至善，因为上帝本来可以通过取消道德的善来预先阻止道德的恶的发生的，但他并没有这样做，这是因为他还要考虑前三种情况，即考虑到创造物自由的尊贵。

可以说，这五种规定构成了普兰丁格所寻求的那个可能世界的基本要素，也是他的自由意志辩护方案的出发点。在这样一个可能世界 W 里，恶的存在似乎有了其可能的理由，恶的存在与上帝的存在的逻辑矛盾似乎也被消解了。普兰丁格指出自由意志辩护的核心是：

（3）以下陈述是可能的：如果上帝没有创造一个包含着道德的恶的世界，那么他就不会创造出一个包含着道德的善的世界（或者说一个包含着与这个世界同样多的道德的善的世界）。[1]

---

[1] PLANTINGA A. The Nature of Necessity [M]. New York：Oxford University Press, 1974：167.

可以把这个命题看为本节开头时提到的，普兰丁格所寻求的那个命题（3）。不难发现，他的这套论述与奥古斯丁的神义论有一定相似，比如都认为是自由意志的滥用导致了罪恶的出现。不同的地方是，普兰丁格只认为这样的解释是可能的；而奥古斯丁倾向于认为这就是恶问题的真正原因。接下来普兰丁格要做的工作，就是先反击无神论者对（3）的批评，然后再从正面证明（3）是有逻辑上的可能的。

一些反一神论者如麦基主张，因为上帝是全能的，那么上帝可以创造一个世界，在当中创造物既有自由，也能总是做正确的事情。换句话说，在这样一个世界，里面的创造物总是"自由地"做着正确的事，这是在逻辑上有可能的。那么，作为全知、全能和至善的上帝，就应当实现这样一个可能世界：里面只包含道德的善而没有道德的恶，但是，现实情况不是这样，所以上帝不存在。

普兰丁格将这一理论与先前提到过的莱布尼茨的最好世界理论联系起来分析。他发现，两者的理论都建立在相同基础上：上帝的全能意味着他可以实现他选择的任何一个可能世界，包括一个只有道德的善而没有道德的恶的世界，普兰丁格称这种观点为"莱布尼茨之失"（Leibniz's Lapse）。但是，自由意志辩护方案的一个重要主张却是："上帝虽然是全能的，他也不能乐意创造哪个可能世界就真正创造那个可能世界。"①

普兰丁格对麦基和莱布尼茨的分析比较到位，麦基是二战后一名重要的反一神论学者（牛津大学哲学教授），莱布尼茨则可能是宗教改革之后第一位力促天主教与新教重新合一的重要哲学家（他本身是新教徒），但两个人的相同处在于主张："如果上帝全能，则上帝会创造他乐意创造的任何可能世界，并且，他会创造他能够创造得最好的可能世界。"② 而他们的分歧在于：莱布尼茨认定现实世界就是最好的世界，所以上帝存在；而麦基则从现世所存在的大量的苦恶现象推论出，这个世界简直糟透了，所以没有

---

① PLANTINGA A. The Nature of Necessity［M］. New York：Oxford University Press，1974：168.

② PLANTINGA A. The Nature of Necessity［M］. New York：Oxford University Press，1974：168.

一个全能和至善的上帝。那么，为什么他们对现实世界有着迥然不同的看法？在普兰丁格看来，这也许是因为他们的信念不同。

如前所述，自由意志辩护方案主张，全能的上帝只会创造一个既有道德的善也有道德的恶的可能世界；而反对声音说：全能的上帝会创造任何他乐意创造的可能世界，包括一个在里面创造物只能自由地做正确的事情的可能世界，这就是普兰丁格所说的"莱布尼茨之失"。普兰丁格比较仔细地分析了这种反对意见，这里可以领略到他精于语言分析的特点。

普兰丁格指出，当人们说上帝创造了可能事态 α 时，这是不准确的。因为，"创造"某一个东西，就意味着这个东西在某一时刻之前是不存在的。但是，事态是没有所谓的开端的，同样没有开端的还有数字（如 7），命题（物体都是有广延的），性质（红色的），这些东西在普兰丁格看来都无开端。所以，比较严格的说法应当是：上帝使可能事态 α 现实化了（actualize）。

但是人们说"上帝使得 α 现实化了"时还是不够精确。普兰丁格认为：从哲学上来讲，说一个东西没有开端，那这个东西就是必然的（necessary）；而一个东西是有开端的，则它就是偶然的（contingent）。相应地，也就有必然的事态和偶然的事态。必然的事态就是没有开端的，偶然的事态就是有开端的。若说上帝使得事态 α 现实化了，这并不意味着上帝就使得其中所包含的一切事态都现实化了，精确的说法是，上帝只是让其中所包含的偶然的事态现实化了（比如冯友兰是一位哲学家），而那些必然的事态（如冯友兰同自己一样高，冯友兰不是金岳霖）是没有所谓的开端的，所以它们不是上帝所现实化的，在这里就可以先不予以考虑。

于是，就可以对"莱布尼茨之失"提出如此反问：全能的上帝能否使得他乐意选择的每一个可能世界都现实化？① 它的精确表达形式是：上帝能将其中包含的所有偶然事态都现实化吗？因为必然的事态不能说是上帝现

---

① 参见：PLANTINGA A. The Nature of Necessity ［M］. New York：Oxford University Press，1974：169.

实化的。

普兰丁格的回答是否定的，他首先举出了两个反例来说明，确实有些偶然事态即使全能的上帝也无法使其现实化。①

反例一：这里有任何数量的可能世界，在其中张三于时间 t_1 高空抛物，但是，t_1 后上帝都不再能使它们现实化了，因为事实上张三于时间 t_1 没有高空抛物。所以，在 t_1 之后，上帝也无法使得这么一些可能世界现实化，在里面张三于时间 t_1 高空抛物。

反例二：按照可能世界理论，人类确实可以想象有一些可能世界，在里面没有上帝存在。于是，在此种意义上，上帝也成了一种偶然的存在，因为只有在所有的可能世界里都存在，他才是必然的存在。现在假如上帝是偶然的存在，那么明显，那些不包含着上帝存在的可能世界是上帝不能使其现实化的。换句话说，上帝不会现实化一个没有自身存在的可能世界。

第一个反例说明，有一些偶然事态（如张三于时间 t_1 高空抛物）是上帝在某个时间点之后不能使其现实化的；而第二个反例则迫使反一神论者将他们的反对意见修改为：上帝能否使任何一个包含着他自身存在的可能世界现实化？

接下来，普兰丁格进一步分析了"自由"概念，说明存在着许多包含了上帝自身存在的可能世界，全能的上帝也无法使其现实化。上帝创造了具有自由意志的人，是希望他们的行为不是被因果性地决定的（causally determined），而是应当成为活动的中心或主角。前节已述，普兰丁格所持的是一种"不相容主义"的自由观，即自由与决定论是不相容的，当一个人在某一行为 A 上是有自由的，这意味着他实施 A 或不实施 A 都不是被因果性法则和先行条件决定的。但是，"被决定"与"被限制"是有区别的。张三虽然是自由地去跑步锻炼身体，但是张三也不能自由地在一分钟内跑一次马拉松，后者就是被限制的，但这不代表张三选择跑步锻炼是被迫行为。

---

① PLANTINGA A. The Nature of Necessity [M]. New York: Oxford University Press, 1974: 170.

进一步说，张三在某一行为上有自由，则如果张三实施了这一行为，上帝就不能将张三没有实施这一行为的偶然事态现实化；如果张三没有实施这一行为，上帝就不能将张三实施了这一行为的偶然事态现实化。如果上帝直接干涉或者通过他所建立的自然律这样做了，就不能说张三在这一行为上是自由的。这样，因为人是自由的，所以这里有大量的偶然事态，即使全能的上帝也不能使其现实化。上帝使"人在某一行为 A 上有自由"这一事态现实化了，但他没有现实化"人自由地实施 A"或"自由地不实施 A"这些事态，如果他这样做，则张三就不是在自由地实施或不实施行为 A。① 让我们再以"张三于时间 t_1 高空抛物"为例说明普兰丁格上述思想。② t_1 时的张三在是否高空抛物这件事上有自由。所以，上帝只是现实化了"张三在高空抛物这一行为上具有自由"这一偶然事态。如果张三高空抛物，上帝就不能把"张三自由地没有高空抛物"这一偶然事态现实化；同理，如果张三没有高空抛物，上帝就不能把"张三自由地高空抛物"这一偶然事态现实化。如果上帝通过某种方式那样做了，则不能说张三是"自由地高空抛物或自由地没有高空抛物"。

通过举出反例和对自由意志的分析，普兰丁格说明：即使上帝是全能的，也还有一些包含着上帝自身存在的偶然的可能世界是他不可能使其现实化的，从而反驳了"莱布尼茨之失"。

至此说明，上帝只是现实化了"张三在是否高空抛物这一行为上是具有自由的"这一偶然事态，但是按基督教传统，上帝又是全知的，所以他必定知道张三在当时的情况下没有高空抛物，于是，可以在较宽泛的意义上称，上帝使"张三自由地没有高空抛物"这一偶然事态现实化了，这就是所谓的"弱现实化"（weak actualization），意思是，上帝并没有引起

---

① 参见：PLANTINGA A. The Nature of Necessity [M]. New York：Oxford University Press，1974：171 - 172.

② 参见：PLANTINGA A. The Nature of Necessity [M]. New York：Oxford University Press，1974：172 - 174.

（cause）或决定"张三没有高空抛物"，只是说，上帝的全知使得他知道，在当时的情形下，张三不会高空抛物。这等于讲，"弱现实化"就是上帝预知了某一偶然事态的现实化。

与此相对应的则有一种"强现实化"（strong actualization），意思是，如果上帝通过某种直接的方式使得"张三没有于时间 t_1 高空抛物"，那这种偶然事态就是被上帝"强现实化"了的。很明显，按照普兰丁格对自由的看法，在"强现实化"情形下，我们不能说张三在"是否高空抛物"这一行为上是具有自由的。

可以用一个更简单的例子来说明"强现实化"和"弱现实化"之间的区别，假设张三现在要把一架钢琴从一楼搬到二楼，实现这一点可以有两种方式：第一，如果张三足够强壮或聪明，他可以凭一己之力或者利用工具把钢琴搬上去；第二，如果张三很有钱又怕麻烦，他可以通过支付报酬的形式雇佣他人把这台钢琴搬上二楼。不论张三采用哪种方法，总之钢琴是从一楼移到二楼了，但是第一种方式，就是"强现实化"，而第二种方式便是"弱现实化"。① "强现实化"某一偶然事态就是直接使其现实化，比如《创世纪》记载的上帝六天内的创世活动，或者福音书里耶稣医治病人，就可以看为上帝在"强现实化"它们，因为那是上帝直接造成的；而"弱现实化"某一偶然事态就是间接地使其现实化，上帝"弱现实化"了某一偶然事态，等于说上帝预知了那一偶然事态是肯定会发生的，但并不意味上帝决定了这一偶然事态的发生。

再回到"张三高空抛物"的例子中来，上帝最多仅仅是"弱现实化"了"张三自由地于时间 t_1 没有高空抛物"这一偶然事态，因为当时的客观情况以及张三自己的一些想法，使得张三最终没有高空抛物，这也是张三自由选择的。

重新回到恶的问题上来，假定上帝想要现实化一个只有道德的善而没

---

① 参见：ADAMS R M. Plantinga on the Problem of Evil ［M］// TOMBERLIN J E，VAN INWAGEN P. Alvin Plantinga. Holland：D. Reidel Publishing Company，1985：229.

有道德的恶的可能世界（以下简称为道德上无瑕疵的世界），在里面，人们总是自由地做着善事而不会做坏事，那么根据不相容主义的自由观，上帝不可能"强现实化"这样一个可能世界，即上帝不会如此行动，使得他的创造物完全被决定地和被引起地做好事。这样，如下论述是逻辑上不可能的：上帝可以"强现实化"一个道德上无瑕疵的可能世界。

这是"强现实化"的情形，普兰丁格已经达到了目的。现在剩下的问题是，上帝能不能"弱现实化"一个道德上无瑕疵的可能世界？

上帝"弱现实化"一个道德上无瑕疵的可能世界，意味着，上帝并不直接干预，让他的创造物总是做好事而不做坏事；而是上帝通过创造一个特定的环境（certain circumstance），在这样一个环境里，他的创造物会自由地总是做好事。就好比 t_1 时的张三，在各种内外因素下，并无高空抛物。

前面已说到，"弱现实化"与上帝的全知属性有关，"弱现实化"某一偶然事态就相当于说上帝预知了这一偶然事态的发生。"张三于时间 t_1 没有高空抛物"是被上帝所预知的；从世俗的角度看，可能的原因包括张三在 t_1 时刻没有在自己 30 楼的家中。有些人提出这类问题：如果张三当时在自己 30 层的家中，在其他条件不变的情况下，全知的上帝能否知道他会不会于时间 t_1 高空抛物？

当人们假定"张三当时在自己 30 层的家中"时，这一假定条件就是"反事实的条件句"（counterfactual conditionals），即与已成事实相反的条件句。有一种观点认为，全知的上帝可以知道上述情况下张三会不会高空抛物，这种观点被称为"摩尼那主义"（Molinism），它主张，上帝可以知道在任何情况下（包括反事实情况下），他的创造物会自由地做什么。① 所以，它也被称为"自由的反事实句"（counterfactuals of freedom），典型形式是：

---

① 这里面还牵涉到一个重要的概念"中间知识"（middle knowledge；拉丁文是 scientia media），上帝正是通过它来预知在"反事实条件"下，人会自由地做什么。参见：麦克·彼得森. 理性与宗教信念——宗教哲学导论 ［M］. 孙毅，游斌，译. 北京：中国人民大学出版社，2005：214.

（4）如果某人 P 处在环境 C 当中，他肯定会自由地做某一行为 A。
（if P were in C, P would definitely freely do A）①

这里的环境 C 指可能的情况，包括与既成事实相反的情况。（4）这种情况只能是逻辑上为偶然的，因为如果它是逻辑上必然的，则 P 在 C 中就会在逻辑上必然地做 A，② 那 P 就不是自由地做 A 了。另外，不是上帝使得（4）为真的，因为如果上帝让（4）为真了，这相当于说上帝"强现实化"了（4），那么 P 也就不是在 C 中自由地做 A 了，所以这也是不可能的。

前面已论述过，如果说上帝预知了某一偶然事态的发生，就相当于说他"弱现实化"这一偶然事态，进一步，假如说上帝知道了在任何可能情况下（包括反事实条件下），他的创造物肯定会自由地做什么，那么这就相当于说，上帝实际上能够"弱现实化"所有可能的偶然事态，包括这么一个道德上无瑕疵的可能世界。而这肯定不被普兰丁格所容许，所以现在他要做的就是反驳"摩尼那主义"，也就是要反对（4）。但与一些极端的反摩尼那主义者不同，普兰丁格承认存在着"自由的反事实句"，否则可能世界理论有可能变得毫无意义；另外，他试图论证上帝具有对"自由的反事实句"的"中间知识"，这只是有可能的，而不是肯定的，因此，他甚至被他的同事称为"摩尼那主义者"。③

按照（4）的意思，如果"张三 t_1 时在自己 30 层的家中"，在其他条件一样的情况下，那么

（5）t_1 时张三肯定会自由地高空抛物。

---

① ADAMS R M. Plantinga on the Problem of Evil［M］// TOMBERLIN J E, VAN INWAGEN P. Alvin Plantinga. Holland：D. Reidel Publishing Company, 1985：230.

② 在这里要注意区分"肯定会"（definitely）与"必然会"（necessarily），以及"可能会"（probably）。第一个说明上帝知道你会做某事，第二个指你被决定了做某事，第三个指上帝对你究竟会做什么也只有或然率的知识。

③ 参见：PLANTINGA A. Alvin Plantinga—Self-Profile［M］// TOMBERLIN J E, VAN INWAGEN P. Alvin Plantinga. Holland：D. Reidel Publishing Company, 1985：52.

（6）t_1 时张三肯定会自由地没有高空抛物。

这两个命题在模态逻辑中为上反对关系，可以同假，但不能同真，必然有一个为真，或者（5）为真，或者（6）为真。如果这样，上帝可以准确预知"自由的反事实句"的情况下，人会自由地选择做什么。

是否这么简单？普兰丁格提出了不同意见。首先，当人们说"在其他条件一样的情况下"时，这样说有许多方面的问题，在争论中，根本就不能对"在其他条件一样的情况下"这一点完全达成共识，所以，这是一个很模糊的说法，这一点暂时先不提；其次，上面的形式可以被分析为：给出一个反事实的命题 p，则会有如果 p 则 q 为真，或者如果 p 则 - q 为真，但是，这样的推论似乎强烈了一点。比如，如果张三有一头红色的头发（事实上张三是黑头发，所以这是一个反事实条件句），在其他条件一样的情况下，那么拿破仑就会在滑铁卢战役中失败。这样一个推论明显是不成立的。然后看这个推论：如果张三有一头红色的头发，在其他条件一样的情况下，那么拿破仑就会在滑铁卢战役中取得胜利了。这个推论比前者也好不到哪去。① 普兰丁格说道：

> 确实，在这种观点下（指摩尼那主义——引者注），对于任何一个反事实的命题 P，这里都会有一整个可能世界 W，它是这样的，如果 P 是真实的，那么 W 也会被公认。但是，当我们说这里有一个可能世界 W，如果我是红头发那么 W 就会是现实的，这样宣称难道不是太过分了吗？②

所以，"自由的反事实"即假定对于一个反事实的命题 P，则（5）和（6）中必有一真，这样的推论并不是很严密，或者说论断过于强烈了。现

① PLANTINGA A. The Nature of Necessity [M]. New York：Oxford University Press, 1974：174 - 175.
② PLANTINGA A. The Nature of Necessity [M]. New York：Oxford University Press, 1974：175.

在回到那个问题："如果张三 t_1 时在自己 30 层的家中"，在其他条件一样的情况下，t_1 时张三会不会高空抛物？对这一反事实的假定比较严谨的或者保险的回答应当是：

(7) t_1 时张三可能会自由地高空抛物。

(8) t_1 时张三可能会自由地没有高空抛物。

(7) 和 (8) 两个命题在模态逻辑中是下反对关系，不能同假，可以同真。张三只是"可能会自由地……"，而不是像先前摩尼那主义所主张的 (5) 和 (6) 那样：张三"肯定会自由地……"。它们之间的差别是"可能会"（probably）与"肯定会"（definitely）。由于仍然只有"可能会"，这就可以出现 (7)(8) 同真的情况，即"张三 t_1 时高空抛物和没有高空抛物"的概率相等；而在这种情况下，即使全知的上帝也不能预知，在反事实条件句下，哪一个偶然事态会发生，他对此亦只有或然率的知识。在张三这个例子中就是，假设"张三 t_1 时在自己 30 层的家中"，上帝也不知道他 t_1 时会不会高空抛物。当然在现实世界中，"张三 t_1 时不在自己 30 层的家中"，上帝能够预知到他 t_1 时不会高空抛物。这其实也就是说，(4) 被修改成了：

(9) 如果某人 P 处在环境 C 当中，他可能会自由地做某一行为 A。(if P were in C, P would probably freely do A)

这样便可以推出，上帝并不能弱现实化所有的偶然事态，在自由的反事实句中，上帝对人会做何选择也只有或然率的知识，他并不能完全预知人的自由的选择。

笔者举这个例子实际上想说明普兰丁格的这样一个思想，上帝的全知也是有限制的，比如对于自由的反事实句这种情况，上帝也不能预知自由的创造物最后会做什么样的事。如果像摩尼那主义那样主张的，即使在自由的反事实句情况下，上帝仍能预知到全部偶然事态的发生，那么这至少会导致以下两种神学上的危险。

首先，它影响到上帝的主权。前文已述，并不是上帝使得"自由的反事实句"成为真的，比如不能假设上帝使得"张三 t_1 时在自己 30 层的家中"为真，因为现实世界中，上帝实际上已经弱现实化"张三 t_1 时不在自己 30 层的家中"这一偶然事态了。如果认为上帝知道在自由的反事实句中人的全部自由选择就有这样一种危险，即是不是上帝也要受到自由的反事实句的限制？如果上帝要依赖他对自由的反事实的情况下的知识来决定他是否要创造某个有自由的创造物的话，那就等于假定，对自由的反事实的知识决定了上帝在创造时的选择。

其次，如果上帝可以在任何情形下都能预知人会如何行动，那么，上帝明明知道在现实世界这种情形下人肯定会自由地堕落犯罪，但是他还是现实化了这样的一个现实世界，如果这样，岂不是说上帝要为人的堕落或尘世中的恶的问题负责？并且，如果上帝明明知道某人在那种情形下肯定会自由地堕落犯罪，然后到地狱经受折磨，但是上帝还是要把某人造出来，那他岂不是太残忍？[①]

所以，很多神学家都会否认摩尼那主义，不承认上帝会预知到所有事情的发生，甚至有人认为"自由的反事实"这种假设根本就不存在，因为它没有得到可能恰当的形而上学基础。如另一位学者亚当斯在研究普兰丁格上述思想时所说的，上帝在创造亚当和夏娃时实际上是在进行着一种冒险，因为上帝只能知道他们可能会自由地不堕落，但是非常不幸，他们还是堕落了。上帝尽了他的最大努力去创造一个道德上无瑕疵的世界，但是

---

① 对摩尼那主义的反驳，也可以参见：麦克·彼得森. 理性与宗教信念——宗教哲学导论 [M]. 孙毅，游斌，译. 北京：中国人民大学出版社，2005：217-218.

他失败了。① 不过，通过普兰丁格以上的工作，上帝的这一失败也许在逻辑上已经得到了自由意志的辩护：它一方面承认"自由的反事实句"这种假设在可能世界语义中有意义，另一方面主张上帝可能（而不是肯定）具有对"自由的反事实句"的"中间知识"，也就是说，把在"自由的反事实句"条件下的一组命题由不可同时为真的上反对关系，修改为可以同时为真的下反对关系。这样，上帝也只是知道，自由的创造物在"自由的反事实句"下，会可能自由地做什么。

至此，自由意志辩护方案已经说明了"莱布尼茨之失"的错误，还有摩尼那主义的问题，普兰丁格分别对上帝的全能和全知两个属性做出了自己的诠释，这样，反一神论者主张上帝可以现实化一个道德上无瑕疵的可能世界就被他证明为不可能。但是，回忆一下自由意志辩护方案自己提出的命题：上帝现实化一个既包含着道德的善也包含着道德的恶的可能世界，这有逻辑上的可能。这个命题仍然没有得到证明，它并没有从"莱布尼茨之失"和摩尼那主义的问题中自动生成一个有效的证明来。所以，它还需要进一步得到正面的证明。普兰丁格通过引入"跨世界的堕落"（transworld depravity）这一概念来完成对它的证明，这也是其自由意志辩护方案的最后一个环节。

当某个人 P 在行为 A 上是有自由时，并不意味着他在有关 A 的行为上，就一定会做道德上错误的选择。但是考虑到如下情况：也许无论上帝把某个人 P 放在一个什么样的环境中，只要上帝给他自由，那么他在有关 A 行为的选择上，他至少会做出一次道德上不好的选择，不仅在现实世界中他会如此，在所有可能世界中他也可能做出道德上不好的选择。换种方式说，不论在哪种偶然事态下，或在哪个可能世界中，只要上帝使其现实化了，并且上帝使 P 有自由，那么 P 都有可能在关于行为 A 上至少有一次道德上错误的选择。这个时候，人们就可以说 P 这个人遭受了"跨世界的堕落"。

---

① 参见：ADAMS R M. Plantinga on the Problem of Evil ［M］// TOMBERLIN J E, VAN INWAGEN P. Alvin Plantinga. Holland：D. Reidel Publishing Company, 1985：232 – 233.

普兰丁格指出，并不是真正来讲，P 在任何可能世界中都会至少犯一次错，即 P 事实上遭受了"跨世界的堕落"；而只是说，P 遭受了"跨世界的堕落"是完全有可能的，所以 P 有可能至少会犯一次道德上的错。① 于是，普兰丁格得到了对"跨世界的堕落"的定义：

（10）某个人 P 遭受了跨世界的堕落，当且仅当对于每一个可能世界 W，某个人 P 在 W 中是"有意义的自由"，并且 P 在 W 中仅仅只做道德上正确的事情，这里还有某一个事态 T 和某一个行为 A，它们是这样的：

①在 W 中，上帝强现实化了 T，而且 T 包括了所有上帝在 W 中所强现实化的事态；

②A 对在 W 中的 P 来说是一个有道德意义的行为；

③如果上帝曾经强现实化了 T，P 就会在有关 A 的这一行为上犯错。②

如果一个人遭受了跨世界的堕落，那么现实化一个创造物，他总是自由地做道德上正确的事，这就不在上帝的能力范围之内了。进一步，每个人都遭受了跨世界的堕落这也是有可能的，因此上帝就不能现实化一个道德无瑕疵的可能世界了。所以，创造一个这样的世界，在里面人会自由地做道德的善的事的代价就是，他们也会产生道德的恶。③

问题似乎得到了解决，由于每个自由的创造物在每个可能世界里都有可能败坏，所以，不论上帝现实化一个什么样的事态，他可能至少会在行为 A 上犯一次错，那么，当然上帝就不能现实化一个道德无瑕疵的可能世

---

① 参见：PLANTINGA A. The Nature of Necessity ［M］. New York：Oxford University Press, 1974：186.

② 参见：PLANTINGA A. The Nature of Necessity ［M］. New York：Oxford University Press, 1974：186.

③ 参见：PLANTINGA A. The Nature of Necessity ［M］. New York：Oxford University Press, 1974：186－187.

界了。不过这里还有这样一种设想，上帝是不是可以不创造现实世界中的人，而是用另一群人代替，他可以创造一个包含着那些人的世界，而不包含现实世界中的人，这些人只会做正确的事，这样上帝就可以现实化一个道德上无瑕疵的可能世界了。

普兰丁格为反驳这种设想，将他在《必然性的本质》这本书第五章所讨论过的本质（essence）和个体概念（individual concept）引入进来。这种理论认为：对于某个人张三来说，张三的本质（普兰丁格有时也称作"张三性"）是他存在的所有可能世界中都具有的一个本质，并且这个本质不能被任何可能世界中不同于张三的对象所示例（exemplify）。本质性质是这样一类性质，对象 X 存在于世界 W 中，X 又本质地具有性质 P，则不可能在其他的世界 W′中有一个对象拥有本质 P 而又与 X 不同。① 有研究者称普兰丁格这一概念为"个体本质"，例如"和张三同一"这条性质就只有张三这一个人具有。它的特点是：

第一，这类性质仅为某个特定的事物本质地具有，比如张三性只有张三才具有，在所有可能世界中任何异于张三的对象都不可能拥有张三性；简单来讲，就是张三性为张三所独有。

第二，不论在哪个可能世界，只要张三存在，那么张三就会具有张三性。

第三，张三是张三性的示例，或使张三性实例化（instantiation）了。

第四，说张三存在于可能世界 W 中，意思是，如果 W 是现实的，则张三会存在，并且张三具有张三性。

因而，与莱布尼茨的"界-限个体"概念不同（即在所有可能世界中都不可能有两个完全一样的张三），普兰丁格认为张三可以存在于不同的可能世界中，并且这些张三都有本质。这就是所谓的"跨世界个体"（transworld individual）概念。对于跨世界的个体，普兰丁格认为，他们除了上面

---

① 参见：PLANTINGA A. The Nature of Necessity［M］．New York：Oxford University Press，1974：187.

提到的"个体本质"之外，还具有另外两种本质，即"微不足道的本质"和"世界索引的本质"。前者主要指在经验中显示出来的属性，如对象个体的外貌、体重、职业、生平事件等。普兰丁格在这个方面的思考与一般人不同的地方在于，他认为这些属性也可以成为跨世界个体的一条本质属性。例如，在某个可能世界中"苏格拉底是军人"，那么它可以成为苏格拉底的本质属性，人们可以凭借这一属性在那个可能世界中将苏格拉底辨识出来。区别只是在于，这个可能世界是不是已经获得，即有没有现实化。再说一例：在某个可能世界中，"没有教过柏拉图"也可以成为其中的苏格拉底的本质属性，只要那个可能世界可得。从普兰丁格的可能世界理论看，之所以在现实世界中"教过柏拉图"是苏格拉底的一条本质属性，其实是因为这个可能世界已经获得，即现实化了。

"世界索引本质"是指跨世界个体在某个可能世界具有的属性。例如，苏格拉底在现实世界（作为已经获得的可能世界）中有"塌鼻子"这条属性，那么，所有可能世界中的苏格拉底，"他们在现实世界中都是塌鼻子"，因而这条属性也可以成为跨世界的苏格拉底这个个体的本质属性。

从这里可以看到，普兰丁格是以可能世界为着眼点来理解本质概念的，这样就大大地拓展了本质这个概念本身的"可能性"或者范围，使很多在一般人看来不能构成事物本质的属性，也有了成为本质属性的可能。正如前文所述，普兰丁格提出了跨世界个体的三种本质属性，即个体本质、微不足道的本质和世界索引的本质。这样，一个个体可以跨世界地存在，并且在每个可能世界中都有本质属性，人们就可以根据这条本质属性确认这一个体。① 而根据对于本质概念的传统理解，跨世界的个体就可能没有本质，或者说，他的本质基本被限制在现实世界的理解之中，从而就否定了跨世界的个体。

在论证跨世界的个体的本质之后，普兰丁格进而又提出"跨世界的堕

---

① 参见：孙清海. 普兰丁格"保证"三部曲研究［M］. 北京：中国社会科学出版社，2018：25－33.

落"这个术语。他主张，当人们说某个人遭受了跨世界的堕落时，即指他的本质性质也遭受了跨世界的堕落，所以，这人的本质就具有了跨世界的堕落；又因为可能每个人的本质都遭受了跨世界的堕落，从而这一本质所实例化出来的人都可能在任何可能世界中，至少会犯一次道德上的错误，于是，上帝现实化一个既包含着道德的善也包含着道德的恶的可能世界，这是有逻辑上的可能的。在这里，普兰丁格也得到了对跨世界败坏的相关于人的本质性质的定义：

(11) 一个本质 E 遭受了"跨世界的堕落"当且仅当对于每一个世界 W 来说，E 蕴涵了总是在 W 中自由地做正确的事这一性质，W 中还存在着事态 T 和某一行为 A，它们是这样的：

①T 是上帝在 W 中强现实化了的最大的事态；①

②A 对于 E 在 W 中的实例化是具有道德意义的；

③如果上帝强现实化了 T，则 E 的实例化会在有关 A 的行为上做错。②

这样，当每个人都遭受跨世界的堕落时，不论上帝造了什么人，他所示例了的性质都将带有这种跨世界的堕落，于是，这便从正面证明了自由意志辩护自己提出的命题：上帝现实化了一个既包含着道德的善也包含着道德的恶的可能世界，这是有逻辑上的可能的。

简单来讲，当普兰丁格将本质和个体概念引入之后，上帝创造人就被转化为上帝使得某一类本质示例，这类本质一方面在关于 A 的行为上具有自由，另一方面又可能遭受了跨世界的堕落，"跨世界"意味着在任何可能

---

① 为什么需要这个事态 T 是最大？可以从两方面来理解：第一，它表明这个事态包括了所有逻辑上可能的东西，这说明它囊括了所有情形；第二，它表明这个事态不包括任何逻辑上不可能的东西，这样排除了出现逻辑矛盾的可能。所以也可以把它理解成一种界限，划分开了逻辑可能的和逻辑不可能的。

② PLANTINGA A. The Nature of Necessity [M]. New York：Oxford University Press, 1974：188.

世界中，其本质都败坏了。所以，这类本质示例出来的人就可能在有关 A 的行为上至少犯一次错。这样，假定上帝可以现实化另一个可能世界，另外一群人在里面生活，但他们也逃避不了跨世界的堕落，所以，他们仍有可能在有关 A 的行为上至少犯一次错。

普兰丁格用"跨世界的堕落"这个术语力图说明，可能世界中的自由受造物可能至少有一次背叛上帝的行为，但这一设定与基督教的天堂教义产生了冲突。因为在基督教的信仰中，天堂里的自由行动者是完全顺从上帝的，天堂就是一个没有恶和苦难的可能世界。从这个意义上讲，上帝是可以创造一个道德上无瑕疵的最好的世界，他可以使天国的子民不至于再次堕落。人们于是可以设问，天堂中的自由行动者是如何既有自由，又没有做出道德上不正确的选择的呢?①

其实，普兰丁格的辩护方案只是要说明，自由受造物在任一可能世界中堕落，这是有可能的，而这意味着，不排除在某些可能世界中他们没有堕落，而他们没有堕落的原因，和他们堕落的原因可以说是一样的，即都可能是因为他们的自由意志——在天堂中，成为圣徒的子民会自愿地选择永远亲近上帝。但上帝是怎样使他们自由地做到这点的，这个问题就和恶的本原的问题一样，归根结底来说是一个谜。

也许只能说，上帝在创造尘世时，并没有任何的保留，他把最好的东西造了出来，交给人类治理。而天堂之所以胜过这个世界，明显的变化是天堂中的居民都是圣徒，上帝给予圣徒灵性的身体，从而使他们不再有肉体的邪情私欲。当然，人们可以继续追问，为什么上帝不直接把亚当和夏娃的身体造成灵性的身体呢，这样他们不是就不会堕落了吗? 其实，这个问题对上帝来说是不存在的;因为，只要上帝赋予人自由意志，则不管上帝把人的身体造得如何，都不能确保人不会堕落。现在，倘若要坚持普兰丁格自由意志的辩护方案，那么天堂教义的表述可能就要调整为:天堂与

---

① 参见:张昕. 普兰丁格的自由意志辩护研究 [D]. 西安:西北大学，2017:59.

上帝的共存是有逻辑上的可能的。天堂中的居民仍然有叛变的可能性，但他们自愿地拒绝了那样的选项。而他们自愿拒绝的原因是一个谜。总之，承认天堂与上帝的并存有逻辑上的可能性，这是为了在理论上完成说明上帝与恶并存也是有逻辑上的可能性所不得不付出的牺牲。

第四节　自由意志辩护的完成

前两节主要是证明自由意志辩护的命题是可能的，同时也为道德的恶进行了辩护，普兰丁格还使用它为自然的恶的存在进行辩护。重新回忆整个自由意志辩护的工程，它是要说明：

（1）上帝是全能、全知和至善的。

与以下命题是一致的，

（2）存在着恶。

要想说明（1）和（2）是一致的，需要找出一个命题（3），它与（1）的合取是一致的，并且蕴涵了（2），正如上一节所看到的，这个命题就是：

（17）每一个本质都遭受了"跨世界的堕落"。

（17）与（1）是一致的，所以可以用它来说明（1）与（2）是一致的。考虑到（1），（17）与

（18）上帝现实化了一个包含道德的善的世界。

这三个命题的合取明显一致，但是却蕴涵了

(2) 存在着恶。

因此，（1）与（2）是一致的；因此，自由意志辩护达到了自己的目的。①

普兰丁格最后指出，自由意志辩护的核心观点是："创造一个包含着道德的善的世界是一个'合作实施的冒险'（co-operative venture），它需要有着有意义的自由的创造物不被强迫地来合作。"② 所以，创造一个包含着道德的善的世界并不单单依靠上帝，它也依赖有自由的创造物的所作所为。当然，是否创造有自由的创造物这是由上帝决定的，但是，如果上帝的目的在于要产生道德的善，那他就必须创造有着有意义的自由的创造物，并且依靠他们的"合作实施"。因此，一个全能的上帝的能力受到了他赋予他的创造物的自由的限制。③ 注意普兰丁格所讲的是在完成一个道德上无瑕疵的世界的任务时，上帝需要他所创造的自由受造物的合作，但不是讲上帝在拯救罪人时还需要罪人的合作。罪人称义仍然完全是上帝的恩典，但罪人构成的整个群体以及所在世界的圣洁需要上帝和义人同工。

上面已经证明，上帝现实化一个既包含道德的善又包含着道德的恶的可能世界是逻辑上可能的。现在的问题是：上帝能不能现实化一个包含着与现实世界同样多的道德的善，却又包含着比现实世界要少的道德的恶的可能世界？或者说，上帝能不能现实化一个善恶之间平衡态势比现实世界更好的一个可能世界？④

① 参见：PLANTINGA A. The Nature of Necessity［M］. New York：Oxford University Press，1974：189.

② PLANTINGA A. The Nature of Necessity［M］. New York：Oxford University Press，1974：190.

③ 参见：PLANTINGA A. The Nature of Necessity［M］. New York：Oxford University Press，1974：190.

④ 参见：PLANTINGA A. The Nature of Necessity［M］. New York：Oxford University Press，1974：190－191.

普兰丁格的回答是：这也不在上帝的能力范围内，让 W′是这样的一类世界，里面包含着与现实世界一样多的道德的善，却又包含着比现实世界少的道德的恶，不论是过去，现在，还是将来。现在，在 W′中有一组本质的集合 S 被示例了，但是，如前面所说，这些本质中的某一个不会是"合作实施善"的示例，也就是，有可能：

（19）有 S 中的一个元素本质 E，一个事态 T，一个行为 A，它们是这样的：

①E 的示例在 W′中自由地实施 A；

②T 是上帝在 W′现实化的最大一个事态；

③如果上帝强现实化了 T，E 的示例不会实施 A。

普兰丁格认为，（19）是有可能为真的，很明显，如果（19）为真，则上帝就不能现实化可能世界 W′。[①] 所以，上帝不能现实化一个包含着与现实世界同样多的道德的善，却又包含着比现实世界少的道德的恶的可能世界。

上面针对道德的恶做出了辩护，那自然的恶（如地震、海啸）是如何与（1）上帝是全知、全能和至善的这个命题一致的？在基督教内部对该问题有两种传统的回答路向：一种认为上帝允许自然的恶是因为它们有助于人品德的进步，人们只有在苦难的环境中才有可能体现出如舍己为人这样高尚的品质来；第二种更传统的路向来自于奥古斯丁，他将自然的恶都归咎于撒旦及他的跟从者，按基督教的传统教义，撒旦是一个强大的、非人的、精神性的存在，也具有"有道德意义的自由"。他和许多其他的天使一起，在上帝造人之前很久就被上帝创造出来了，但是与他的大多数同伴不一样，撒旦背叛了上帝并从此开始制造灾难，这导致了自然的恶。所以，

① 参见：PLANTINGA A. The Nature of Necessity [M]. New York：Oxford University Press，1974：191.

自然的恶也被归于由某种非人类的精神存在物的自由行为所造成的。

普兰丁格继承了奥古斯丁的方案，也主张自然的恶是由撒旦这类有自由的精神性存在物所导致的，不过，与奥古斯丁的神义论不同，普兰丁格在这里只是提出一种辩护，所以他并不需要肯定上述解释是真实的，而只是主张，是撒旦导致了自然的恶，这样是有可能的。这也是他一以贯之的辩护方案与神义论的不同。

这样，自然的恶也被归入由某种自由行动所造成的结果，可以成为普兰丁格整个自由意志辩护体系中的一部分了。人和撒旦都是有自由的创造物，他们分别产生了道德的恶和自然的恶。普兰丁格宣称，这两种恶都是"广义的道德的恶（broadly moral evil）"中的特殊情形，都产生于某种人格性的存在物的自由行动。① 由于都是自由导致出来的恶，根据前面的自由意志辩护，普兰丁格认为如下陈述是有可能的：

（20）所有自然的恶都归咎于非人类的人格（non-human persons）的自由行为；在有关非人类的人格的行为上有一个善胜过恶的平衡；并且上帝在有关非人类的人格行为上不会创造一个包含着比它更有价值的善胜过恶的平衡。

普兰丁格再一次强调，对自由意志的辩护来说（20）并不需要是真实的，它仅仅需要与（1）一致，命题（20）可以看为普兰丁格对自然的恶的自由意志辩护。

还有一个问题，就是当人们说有多少恶的事实时，并不能用一个计量单位来衡量它，比如，不能说这个世界上有多少"千克"的恶，或者多少"千瓦"的恶，不过为了指称方便，普兰丁格使用了"turps"作为恶的计量单位，并假定在过去，现在和将来，现实世界中恶的总量是 10^{13} turps。于

---

① 参见：PLANTINGA A. The Nature of Necessity［M］. New York：Oxford University Press, 1974：193.

是，对于包括自然的恶在内的所有广义上的道德的恶，根据前面的自由意志辩护，以下陈述是有可能的：

（21）现实世界中所有的恶都是广义上的道德的恶，并且上帝会现实化的每一个可能世界 α，都包含了与现实世界所展示出的一样多的广义上的道德的善，也包含了至少 10^{13} turps 的恶。

现在（21）与（1）似乎是一致的，以及

（22）上帝现实化了一个包含了与现实世界所包含的相等的广义道德的恶的世界。

但是，（1）、（21）和（22）一起蕴涵了在现实世界中包含了与可能世界 α 同样多的恶。

至此，自由意志辩护完成了任务。普兰丁格宣称，自由意志辩护成功地驳斥了认为恶的存在与上帝存在逻辑上不相容的指责，相反，两者在逻辑上是一致的和相容的。所以，就算恶的事实对信仰者是一个难题，那也不是恶的存在与上帝的存在在逻辑上的不一致所造成的。这也是自由意志辩护的目标，它虽然没有解释恶的原因，但它做了逻辑上的辩护工作，使得反一神论者不能通过恶的事实以"逻辑矛盾"之名来批评基督教信念缺乏合理性或认为该信念为假。①

---

① 参见：PLANTINGA A. The Nature of Necessity ［M］. New York：Oxford University Press，1974：191 - 193.

第四章

建立在保证理论基础上的宗教认识论辩护

　　1974 年普兰丁格《上帝，自由与恶》及《必然性的本质》的出版，促成了英美宗教哲学对恶问题的探讨走向一个新局面，反一神论者在普兰丁格自由意志辩护理论的影响下，逐渐不再宣称恶的事实与上帝存在是一种逻辑矛盾，比如当初挑起了自由意志辩护之争的牛津大学教授麦基，早年认定上帝存在与恶的事实不可能同时为真，但在其遗作《一神论的神迹》（*The Miracle of Theism*，1982）中却承认，恶的事实虽然有力，但在逻辑上是非决定性的（logically inconclusive）。① 麦基的这种转变，比较有力地说明，普兰丁格的自由意志辩护取得了一定成功。但另一方面，还有一种基于恶的事实的反一神论论证却越来越盛行，这就是宣称恶的事实可以作为一种证据式的或者或然率式的论证，来反对上帝的存在，普兰丁格称其为"证据式的反一神论论证"（evidential atheological arguments）。② 它不再宣称恶的事实与上帝存在是逻辑矛盾，而是主张，由于大量恶的事实，它们提供了证据，使得一神论上帝的存在概率不会太高。

　　在《基督教信念的知识地位》一书的最后一章，普兰丁格对上述问题提出了自己的辩护，与本书前一章所论述的以自由意志为中心的辩护不同，

---

① 参见：PLANTINGA A. Warranted Christian Belief［M］. New York：Oxford University Press，2000：460.

② 参见：PLANTINGA A. Warranted Christian Belief［M］. New York：Oxford University Press，2000：462 - 465.

他将这一辩护建立在关于知识的"保证"（warrant）理论基础上，以说明：一旦一神论信念得到保证，那么，恶事实的存在作为证据使得上帝存在的或然率较低，这并不是充分的。为理解普兰丁格的这种辩护，我们需要先简单介绍普兰丁格的以"保证"为核心的宗教认识论。

第一节　知识是保证了的真信念

在什么意义上能说某人具有关于某个命题 P 的知识？这是知识论的基本问题。柏拉图认为，至少这人要相信 P 为真并且 P 是真的；但这仍然不能说他具有了关于命题 P 的知识，因为这人可以碰运气偶然地相信了一个真命题，所以这里还缺少某种要素 x。逻辑实证主义者认为 x 是经验的证实，波普（Karl Popper，1902—1994）认为 x 是经验的可证伪性，这都是内在主义的路向，从认识主体的人自身去寻求 x，这也是启蒙运动以来的主流；普兰丁格是一条"外在主义"（externalism）的路向，他提出，这个 x 是"保证"，一个真信念如果要成为知识，它应当获得保证，而它得到保证需要以下四个条件：

条件一："恰当功能"（proper function），指在形成信念的过程中，人的"认知官能"（cognitive faculties）在恰当地运作，没有故障，不受干扰，不呈病态；

条件二："认知环境"，只有在一个正常的认知环境下，认知官能才能适应其中，恰当运作，并发挥恰当功能；

条件三："设计蓝图"，指人的认知官能是被一个好的计划设计出来的，它恰好与被设计的认知环境相匹配。但这并不意味着肯定是上帝的设计；

条件四："朝向真理"，信念形成的过程是为了寻求真的信念，即追求真理，而不仅是为了获得心理安慰，或在艰苦的环境下充满希望之类的。

这样，若某个人 S 相信某个命题 P 为真，即有对 P 为真的信念时，只有当这个信念形成时，他的认知官能是在一个适合他的这种认知类型的认知环境下恰当地运作，并且是按照一个目的在于获得真理的好的设计计划产生出来的，这个信念才得到保证，如果 P 确实为真，则它还可以成为某种知识，这也意味着，这个信念是合理的或恰当的。①

普兰丁格提出知识论的新建议——保证理论运用到他的护教学领域就产生如下问题：一神论的信念是否得到保证？启蒙运动以来的许多思想家喜欢说宗教信念是非理性的，得不到辩护的，或不恰当的，这都属于"规范性"的批评，认为宗教信念是人非理性认识的产物，背离了某种认知标准，应当予以谴责。在这些思想家中间普兰丁格着重分析了马克思（Karl Marx，1818—1884）和弗洛伊德（Sigmund Freud，1856—1939）的相关思想，对他们的批评做了基于保证理论的回应，他认为这两人的宗教批判的实质是：基督教的信念在形成过程中缺失了保证所需要的四个条件中的若干个，没有得到保证，因此是不规范的或非理性的。本节接下来主要阐述普兰丁格对马克思的宗教批判的回应。②

马克思对宗教提出了自己的批评，普兰丁格问道：当马克思说"宗教是一种堕落的世界意识，因为它们是一个堕落的世界"时，马克思的批评究竟是什么？③ 普兰丁格从他的保证理论出发，提供了理解马克思宗教批判的三种角度：

角度一，宗教信念涉及一种认知的功能失调，它是由堕落的社会秩序产生的认知官能的无序或堕落。人们的认知官能没有恰当地、无故障地、不受干扰地、无病态地运作，在这种紊乱下，他们不恰当地形成了宗教信念，如果他们的认知官能正当地运作，那么他们就不会形成宗教信念。

普兰丁格进一步分析到，马克思宗教思想的根本是："宗教信念在一个双重的意义上是非理性的；首先，由于社会动荡和政治无序，人的认知官

---

① 参见：PLANTINGA A. Warranted Christian Belief［M］. New York：Oxford University Press，2000：153 – 156.

② 普兰丁格对弗洛伊德的回应可参见：梁骏. 普兰丁格的宗教认识论［M］. 北京：中国社会科学出版社，2006：201 – 228.

③ PLANTINGA A. Warranted Christian Belief［M］. New York：Oxford University Press，2000：141.

能发生了功能紊乱；其次，在这种紊乱中认知官能所产生的信念，是对立于它们在恰当地发挥作用时产生的信念，因而是非理性的。"① 前面提到了保证的四个条件，马克思批评的实质是，宗教信念的产生不满足第一个条件——"恰当功能"，认知官能没有在恰当地运作，所以信念的形成没有得到保证，因而是非理性的信念，如果教徒的认知官能恢复正常，他应当明白宗教原来是麻醉自己的鸦片，并且最终会消亡。

角度二，宗教信念的产生，也许并非人的认知官能发生了紊乱，毋宁说是资本主义社会构成了一个不正常的认知环境，所以宗教信念是保证的第二个条件——"认知环境"不被满足的情况下形成的，在一个异化的环境下，人的认知出现了问题，才非理性地产生了宗教信念。

角度三，宗教信念类似一个"损耗控制机制"（damage-control mechanism），当人们难以忍受资本主义的肮脏环境时，为了降低这种灾难，人们开始相信上帝，希望能减少损耗。普兰丁格指出，这种理解就类似于弗洛伊德，即认为宗教信念的形成不是为了寻求真理，而仅是为获得某种心理上的安慰，所以它不满足保证的第四个条件——"朝向真理"，从而无法得到保证，因此也是非理性的。②

普兰丁格还指出，马克思的这些思想来自卢梭（Jean Jacques Rousseau，1712—1778），他已经先于马克思认为，"基督教信念是腐化社会的产物，我们灵魂的自然精神已经被基督教化的文明所损害"。③ 总之，在普兰丁格看来，马克思的宗教批判就是在指责宗教信仰缺乏保证，因而是非理性的。可以看到，普兰丁格基本是按照自己的思路，以自己的保证理论为框架来诠释先人的思想，这种方法虽然可以使自己的理论赢得更普遍的解释性，

---

① PLANTINGA A. Warranted Christian Belief ［M］. New York：Oxford University Press，2000：152.

② PLANTINGA A. Warranted Christian Belief ［M］. New York：Oxford University Press，2000：162 - 163.

③ PLANTINGA A. Warranted Christian Belief ［M］. New York：Oxford University Press，2000：142.

也保证了自身理论体系的一致性，但是否存在着过度解读马克思，甚至曲解马克思本人的思想来成全自身理论的完美性的可能？是否有"削足适履"的嫌疑？这值得探讨，但这不是重点。重要的是，它把问题进一步引向，启蒙思想家对宗教信念缺乏保证的批评究竟是否正确？一神论的信念究竟有没有得到保证？能不能满足保证的四个条件？这些问题引出下一节内容。

第二节　从 A/C 模型到否决因子

A/C 模型的全称是阿奎那/加尔文模型（Aquinas/Calvin Model），普兰丁格引入这个模型说明，"规范性"批评存在错误，一神论的信念得到了保证，满足保证的四个条件，因而是合理的，可得到辩护的。

A/C 模型的核心是"神圣感应"（sensus divinitatis），普兰丁格在加尔文的著作里发掘出如下思想，"人有一个官能，或一个认知的机制，他称之为神圣感应，会在许多不同的情况下，在我们心里产生对上帝的信念。"①这种信念有如下特点：

（1）自发性。人对上帝的信念是自然而然地生成，不是人刻意让它出现，相反，当人意识到这种信念时，它已经出现在人的心里。普兰丁格列举了一些可产生对造物主信念的典型环境：比如当人们感知群山、星空、小花、瀑布、海浪等自然景色时，又比如当一个夏天雨后阳光明媚的早晨，小鸟在欢叫，凉风拂面，人会情不自禁地想起上帝的荣美。另外，当人们做错事时，心灵自然会感到得罪了神明，在认罪和忏悔时却会感到蒙上帝的悦纳。还有，人在身处险境时，也会本能地向宇宙的主宰呼救，希望拯救自己，西方有句谚语说得好，"躲在散兵坑里逃避炮火的人，没有一个会

① PLANTINGA A. Warranted Christian Belief [M]. New York：Oxford University Press, 2000：172.

是无神论者"。人对上帝的信念会被这些环境引发出来，因为人有"神圣感应"，一个可以让人感知到神灵的认知官能。①

（2）基础性。人对上帝的知识不是由推论或论证而获得的，这类知识是以一种更直接的方式出现的，所以具有基础地位。在上面的那些环境里，人的"神圣感应"被激发，意识到上帝的存在，但这绝不是以那些环境为证据推论出有一个上帝，人们并不是用上述那些环境构造出某个论证来使自己理解了有一个上帝存在。人对上帝的信念就像人的感知信念、记忆信念和先天信念一样，都属于人的最基本信念。人可以自然地感知到窗户外有一棵树，也可以回忆起早餐吃了什么，也可以直观到同一律（如：A = A）是对的，在这个过程中，并没有什么归纳、演绎之类的论证成分存在。普兰丁格认为，所有这些信念，包括对上帝的信念都是基础的信念，"即它之所以被接纳，并非由于有其他命题作为其证据。……是我们不以其他信念为证据也可以接纳的"。②

（3）内在性。"神圣感应"是与生俱来的，当人还在母腹中时，就具有了获得关于上帝知识的能力，当然它还需要进一步地发展成熟，才能让人们产生对上帝的信念，就像人拥有算术的能力但不一定会有算术的知识一样。

总之，普兰丁格视人类有一种认知官能，凭借它可以感知到上帝，它是被上帝设计和赋予的，并且形成的关于上帝的信念属于基本信念，因而不是在论证中得出。

现在回到该问题，一神论的信念是不是得到保证？是否能满足保证所需的四个条件？普兰丁格认为，在 A/C 模型里面，由"神圣感应"产生的一神论信念，在保证的角度而言，是可以成为恰当基础信念的。这是因为：③

---

① 参见：PLANTINGA A. Warranted Christian Belief［M］. New York：Oxford University Press，2000：170 – 176.

② PLANTINGA A. Warranted Christian Belief［M］. New York：Oxford University Press，2000：175 – 176.

③ 参见：PLANTINGA A. Warranted Christian Belief［M］. New York：Oxford University Press，2000：178 – 179.

　　首先，具有一神论信念是经过辩护的，并没有超出人知识的权利，没有不负责任，没有违反知识或其他的义务及要求。一个人，认认真真地想过上帝的问题，又熟读了弗洛伊德、马克思和尼采批评宗教的书，也知道现代科技的发展并享受其中的乐趣，但他仍然信仰上帝，坚持每周去教堂，并认为这是再平常不过的事了。对于这人，人们能指责他犯有认知上的错误吗？能认为他是一个思想上懒惰或不求上进的人？能指责他没有尽到作为一个理性动物应尽的反思责任？这是不可以的。这个人确实是合情合理地形成了关于上帝的信念，就这个形成的过程而言，人们并不能去责备他。

　　其次，A/C 模型完全符合保证的四个条件，"神圣感应"是一种认知官能，在"恰当功能"运作时（第一个条件），在合适的"认知环境"下（第二个条件，如星空），它就会形成有关上帝的信念，这些信念是基础的信念，并不是论证得出，不依赖于其他信念，并可以作为其他知识的出发点。同时，这个模型又由上帝设计出来（第三个条件），其目的是产生有关上帝的真信念，从而是"朝向真理"的（第四个条件），因此，A/C 模型完全符合保证的四个条件："恰当功能""认知环境""设计蓝图""朝向真理"。它是被好的设计计划设计出来，一旦在适合的认知环境下恰当地运作，就能产生一种有关真理的信念，即有关上帝的信念。

　　这样，普兰丁格用所谓的 A/C 模型，回应了马克思等启蒙思想家的宗教批判，他们的失误，可能在于夸大人的某一方面的官能（如理性或意志），而忽视了人还有一种对神圣事物的感应官能，所以，在普兰丁格眼里，恰恰是那些批评基督教的人，那些没有形成上帝信念的人，其认知过程才没有得到保证，或者他们的认知可能存在盲点。

　　普兰丁格认为 A/C 模型及其核心"神圣感应"只是为一神论的上帝存在信念做出了保证，但是基督教与一神论还不尽相同，它的众多信念，如"道成肉身""复活""救赎"等信念是否得到保证仍需进一步说明，为此他提出了所谓的"扩展的 A/C 模型"。

　　A/C 模型的核心概念是"神圣感应"，而扩展的 A/C 模型扩展到了三个元素——《圣经》，圣灵的内在引导和信仰（faith）。普兰丁格认为，这是上帝有意安排的一个三重认知过程：《圣经》相当于一套丛书，上帝在里面向人建议了许多好东西，要求人类接纳某些信念和采取某些行为，它还有一个焦点，那就是福音。然后是圣灵，它在被赐予信仰的人的心里工作，罪恶的破坏得以修复，它引导信徒的心，使他们认同福音的伟大真理，并且由此而喜乐，这样，圣灵的内在引导产生了第三个元素，即信仰，它是拜上帝所赐；并且，普兰丁格同意加尔文的看法，认为信仰也是一种知识——"关于上帝对我们的慈爱的一个坚定和确实的知识，建基于在基督里白白赐下的应许的真理，借着圣灵向我们的心思启示出来，又印记在我们的心里。"① 当然是一种特别的知识——对象特别（终极实在上帝），获得的方式也很特别（圣灵的引导），基督徒之所以有基督教的信念，是圣灵的内在运行引导他们相信《圣经》的核心信息的结果。

按信仰是一种知识的路向，普兰丁格着重分析了在扩展的 A/C 模型下，基督教的信念是否得到保证？上文已述，在 A/C 模型下，产生一神论信念的是"神圣感应"这种认知官能，而在扩展的 A/C 模型下，正是信仰成为了基督教信念的源泉（当然如上一段所述，信仰也是圣灵内在引导的结果）。普兰丁格说道：

> 信仰是一个产生信念（belief-producing）的过程或活动，犹如感知记忆。这是一个认知的装置，一个关于某类特定主题的信念规范地产生的途径。在这角度看，它跟记忆、感知、理性、同情、归纳及其他更标准的信念产生过程相若。……这信念的直接成因并不属于人的自然认知配备，这是圣灵的特别和超自然的活动。②

普兰丁格的意思为，按照扩展的 A/C 模型，一个人凭借这种由圣灵而

---

① PLANTINGA A. Warranted Christian Belief [M]. New York：Oxford University Press，2000：244.

② PLANTINGA A. Warranted Christian Belief [M]. New York：Oxford University Press，2000：256.

来的信仰所相信的，能满足保证的四个条件。凭信仰接受基督教信念，这是一个恰当地运作的认知官能所产生的；因为信仰很明显就是上帝特意设计出来让人类产生那些信念的，就好比眼睛产生视觉一样；上帝还设计了适切的认知环境，使得它在恰当地运作时倾向于产生真的信念，这个真的信念就是伟大的福音真理，因此，信仰是一个可靠的信念产生过程，满足保证的四个条件，所以基督教信念得到保证，可以构成知识。① 这个结论，正好贴切地呼应了《基督教信念的知识地位》这本书的书名。

当然，普兰丁格没有将知识等同于信仰，如果知识等同于信仰，魔鬼撒旦也知道上帝存在，但他却背叛上帝。信仰在范围和等级上高于知识，它还包括意志、情感及实践。在普兰丁格看来，信仰是人类最高级的复合型活动，意志情感、感性认识、理性认识、实践活动都在信仰当中得到了升华，并寻到了自身的根据和意义。只不过，为了矫正启蒙运动以来把信仰与知识截然两分的趋向（如康德：限制知识，为信仰留空间），他力图用保证理论再加上 A/C 模型，拉近信仰与知识间的距离，重新为它们找到共存空间。洛克以降，信仰逐渐沦为需要人类理性法庭审判的嫌疑者，理性被认为是更可靠的，普兰丁格试图扭转这一趋向，向传统回归——知识之所以可靠正是因为有信仰的保证，因为有限的人自身不可能成为知识的最终根据，这需要到一个无限者那里去获得。在信仰的基础上，普兰丁格用下面一段话提醒人们不要在批判的、怀疑的"理性"概念中沉迷太深：

> 与经典基础主义的思想相反，人要显出其理性，并不需要尽量地少相信一点东西；从理性的角度看，不作判断、未能相信、不可知论，并不一定就是最安全和最好的做法。有时候，这反而是严重的非理性表现。②

---

① 参见：PLANTINGA A. Warranted Christian Belief［M］. New York：Oxford University Press，2000：257.

② PLANTINGA A. Warranted Christian Belief［M］. New York：Oxford University Press，2000：186.

下面将看到，普兰丁格从保证理论出发对《圣经》做出了自己的解读。

信仰是"未见之事的确据"。普兰丁格对这句话的理解是，借着信仰，有些东西变得明显的（evident），因此获得了保证，可成为知识。这些东西开始时并不被人所见，即不是人的一般的认知官能可以感知为明显的。所以，除了人一般的感知官能之外，信仰也可以成为人知识的一个来源，有些事情在人的常识下无法得到保证，但是如果通过信仰，它就能够得到保证，成为知识。在多马（St. Thomas）的例子中，多马如未亲眼看见耶稣的身体，是决不轻易相信他已经复活，这说明多马希望通过自己一般的感知能力去寻求耶稣复活的那个"确据"（conviction/evidence）。

在普兰丁格看来，当耶稣对多马说："你因看见了我才信；那没有看见就信的有福了"时，既不是在鼓励轻信，也不是对多马的狭隘经验主义的谴责，而是要体现这个含义：通过人被创造时所具有的一般的感知官能，人们对基督教的信念可以获得保证，"眼见为实"的（比如耶稣复活后第一次向门徒们显现），这些门徒相信耶稣已从死里复活，这个信念是真的，是一种知识（知道耶稣复活）；另一方面，有信仰的人可以拥有另一个知识的源头——信仰，由于它是超自然神圣的，所以可以超越一般的感知官能和认知过程来产生信念，并同样获得保证；又由于这是上帝的恩赐，所以的确是"有福的"。[①] 本书谈到过普兰丁格对约伯的理解，指出耶和华对约伯的回应实际上在攻击约伯指责上帝的理论前提——人想不出上帝有好的理由允许恶的存在，那上帝就真没有好的理由让恶存在。在这里，耶稣对多马的回应，实际上也是攻击了他的前提——只有通过一般的感知官能寻求"conviction/evidence"，人类的信念才能得到保证。耶稣却告诉他，借助信仰，人同样能够得到有保证的信念，信仰可以成为知识的另一重要和可靠来源，为其产生的信念提供保证。当多马说："我非看见……总不信"时，

---

① 参见：PLANTINGA A. Warranted Christian Belief［M］. New York：Oxford University Press，2000：265 – 266.

多马的疑惑在此意义上来讲并不是对"耶稣复活"的怀疑，毋宁说是对形成"耶稣复活"这信念过程的怀疑——除了"眼见为实"的证据，是否还有另一种超自然的认知途径来相信耶稣复活？这是多马的问题，并且这个问题对基督教特别重要。

耶稣给了多马肯定的回答：通过信仰的方式（而不是"眼见为实"的平常方式）相信耶稣复活（产生关于耶稣复活的信念）不但同样得到保证，更可以蒙福（就信仰是上帝的恩赐意义上）。

很容易地，人们可以批评普兰丁格上述论证，实际上是用信仰证明了信仰，用上帝赐予的信念保证了对上帝的信念，是在信仰的框架中（A/C模型和扩展的A/C模型）以基督教信仰的标准来探讨理性，简单来说，普兰丁格犯了"认知循环"的错误：结论已包含在前提之中，所以无效。普兰丁格对这类批评有两方面回应：

一方面，普兰丁格指出，"认知循环"的错误只应出现在那些需要论证、推理而得到的命题中，然而他一再强调的是，基督教信念并不是在一个证明或一个推论之中诞生，它们并不是靠理性演绎或论证得出，而是在圣灵的引导下自然而然地产生。所以反对者若要指责他犯了"认知循环"的错误，首先要做的就是要指出基督教的信念得到保证是从一个论证的方式而来，但普兰丁格认为他的"A/C模型"不是以论证方式证明了基督教信念得到保证，不存在一个论证过程，因而也更不可能出现所谓的"认知循环"。①

另一方面，退一步来说，就算犯了"认知循环"的错误又如何？究竟何谓"认知循环"？普兰丁格如此定义：

> 认知循环是这样产生的：当我试图论证一个官能的可靠性或者某个信念的源泉时，如果该论证的前提之一是这样，以至于我对那个前提的接受或是因为那个官能的操作，或是出于那个信念的源泉；那么

---

① 参见：PLANTINGA A. Warranted Christian Belief［M］. New York：Oxford University Press，2000：352.

我的论证便染上了这种弊病。①

在普兰丁格看来，当人类想通过理性去证明一些基本的信念时，如感觉的信念（窗外有棵树），记忆的信念（早餐吃了玉米），先天的信念（A＝A）等，都会不可避免地带有"认知循环"的错误。例如，当人们想论证别人和自己一样也有思想或感情时，避免不了使用自己的思想或感情；另一个例子：当人们想说明某一几何公理是如何直观获得的时，他们首先就使用了直观。在力图证明这些基本信念的过程中，最后的结论其实都已经包含在前提之中。普兰丁格的意思是：想对人们的许多基本信念给出一个没有"认知循环"的证明根本就是不可能的，而人类对上帝的信念就是一种基本信念，所以，若人要通过理性去论证上帝，则也一定会出现"认知循环"的错误，这没有什么大惊小怪的，当人们想用理性去论证感觉信念、记忆信念、先天信念等这些属于人的基本的信念时，也同样会犯"认知循环"的错误，但上述这些基本的信念都可以得到保证。所以，人的某个基本信念能否得到保证，与它的论证是否带有"认知循环"的错误并无直接必然联系。普兰丁格的名言是："甚至上帝自身也不能就他形成信念方式的可靠性给出一个非循环的论证，尽管他必然为全知的。"②

总之，在普兰丁格看来：上帝为人类提供了各种机能或产生信念的程序，它们孕育出基督教的信念，并且成功地寻求真理；当它们按照设计好的方式在适合的环境下运作时，其结果便是有保证的基督教信念，所以它应当享有相应的知识地位。③并且，如果真是这样，则恶的事实不能作为证据使得上帝的存在概率较低。

以上主要论述普兰丁格如何从正面说明基督教信念得到保证，下面他

---

① PLANTINGA A. Warranted Christian Belief ［M］. New York：Oxford University Press，2000：119.

② PLANTINGA A. Warranted Christian Belief ［M］. New York：Oxford University Press，2000：125.

③ 参见：PLANTINGA A. Warranted Christian Belief ［M］. New York：Oxford University Press，2000：357.

考察了一种"否决因子"（defeater）的反面意见，该意见认为，对于基督教信念来说存在着致命的否决因子，即存在着我们知道或相信的命题，使得基督教信念成为了非理性的信念，因而基督教信念没有获得保证。何为"否决因子"？"笼统说来，当人获得某一新的命题或信念 D 时，如果认知官能的'恰当功能'要求这人放弃原有的信念 B，则对于他来讲，D 就是 B 的否决因子。"① 比如，张三在一百米外看见地里似乎有一只羊，于是形成了"地里有只羊"的信念；第二天张三的一个诚实的朋友告诉张三，那片地里根本没有羊，不过有一只狗，它在远处看起来像只羊。这时张三就有了一个否决因子，它否决了"地里有只羊"的信念，如果张三有理性的话，就不会再坚持这个信念。②

历史上的思想家大致提出了针对基督教信念的四种否决因子：（1）投射理论（projective theories）；（2）历史《圣经》批判（historical biblical criticism）；（3）宗教多元论（religious pluralism）；（4）苦难和恶的事实（the facts of suffering and evil）。普兰丁格认为第四个否决因子是对基督教信念最可怕的挑战。③ 它相当于给人提供了一种经验，使得一个久经世故的人在度过了那段经历后，便会在理性上要求放弃基督教信念。④

如本书的第三章所述，普兰丁格已说明，恶的事实与上帝存在并非逻辑上不可能，两者完全可以相容。但这并不能让一神论者就此摆脱烦恼，比如，"地球是平的"与"地球是由乌龟承托的"，这两个命题在逻辑上并不矛盾，但它们都是非理性的。所以，有人提出了基于苦难事实的"证据式反一神论"，主张因为苦难事实的存在，上帝存在的可能性极低。因此，普兰丁格必须对这种批评做出回应。

---

① PLANTINGA A. Warranted Christian Belief［M］. New York：Oxford University Press，2000：362.

② 参见：PLANTINGA A. Warranted Christian Belief［M］. New York：Oxford University Press，2000：359.

③ 参见：PLANTINGA A. Warranted Christian Belief［M］. New York：Oxford University Press，2000：358.

④ 参见：PLANTINGA A. Warranted Christian Belief［M］. New York：Oxford University Press，2000：367.

第三节　对证据式反一神论的回应

普兰丁格在这里要考查，所谓的基于恶的事实的"证据式反一神论"究竟能否构成基督教信念的否决因子。正如他所说："其中一个主要问题是找出从苦恶而来的反一神论论证会带来什么后果——它们究竟可以造成什么伤害？"[①] 他的回答是，如果基督教信念已得到保证（神圣感应、《圣经》和圣灵的内在引导），则苦难事实不能构成基督教信念的否决因子。他先后考察了两种该类型的反一神论——洛维（William Rowe）概率论证和德莱坡（Paul Draper）的"冷漠假说"，他们论证的特点都是指责由于苦难事实，一神论信念为真的或然率偏低，所以它们可以成为一神论信念的否决因子。

洛维提出如下论证：想象两种苦难，E_1 五岁儿童被杀；E_2 一只小鹿在森林大火中痛苦地慢慢死去；于是有：

> P：没有完美的存在者和我们知道的善，以致后者可以为前者容许 E_1 和 E_2 提供辩护。

现在假设 G 代表上帝存在，not-G 代表上帝不存在，k 代表人类的背景知识，即大部分人都知道或相信的知识，很明显，P（G/P & k）＜P（G/k），这个不等式说明因为有了 P，G 的可能性被降低，也就是说，P 印证 G 为假，因此印证 not-G 为真。

普兰丁格指出洛维的论证存在两个问题：

首先，P 实际上已经蕴涵 not-G。按概率演算规则，如 P 蕴涵 not-G，则意味 not-G 的出现可以提高 P 的概率，所以 P（P/not-G & k）＞P（P/k），

---

　　① PLANTINGA A. Warranted Christian Belief［M］. New York：Oxford University Press，2000：464.

这个不等式说明，在 not-G 的情况下，出现 P（它包含了 E_1 和 E_2）的可能性会很高；反过来说，P 的出现使得 not-G 可能性提高。这实际上说在以 P 为前提下，对于任何 not-G 的偶然后果 C，它都会印证 not-G。但是，如果这样，按照洛维这种推论形式，一神论者也可以用不同于 P 的如下命题 P^* 作为论证前提（注意 P^* 与 P 的分别）。

P^* 并没有一种我们所知道的苦恶，是没有一位完美存有者会容许那些苦恶的，这是我们知道的。

当一神论者把 P^* 代换上面洛维论证中的 P，则他们同样可以得到：

$P^*(G/ P^* \& k) > P^*(G/k)$（因为 P^* 蕴涵了 G）。

这时，在以 P^* 为前提的情况下，对于任何 G 的偶然后果 C，它也都会印证 G。于是，从洛维的论证得出的所有 not-G 结论，都可以被支持 G 的结论所抵消，相当于说洛维的论证什么也没做。

其次，与第一个问题相似，普兰丁格指出洛维的论证是"变质证据论证"（argument from degenerate evidence）。即在论证 not-G 时，洛维实际上以真正前提（普兰丁格认为应当是-J）的较弱后果：

not-G 或者（∨）没有什么我们知道的善，作为前提来论证 not-G。
因为洛维的前提 P 等值于 P′：
P′　not-G，或者没有什么我们知道的善，可以用来为 E_1 和 E_2 提供辩护。
P′　就成了"变质证据"，而按普兰丁格的意见，我们只能以如下命题-J 为前提来论证：
-J　我们并不知道有什么我们知道的善，可以用来为 E_1 和 E_2 提供辩护。

对比-J 与 P′，可以发现差别就在于少了一个与 not-G 的析取式。在洛维的论证中，当-J 析取 not-G 时，就可以推出 not-G；普兰丁格指出，如果把-J 与 G 析取，即将"这一世界有一完美存有者"加到-J 那里，与它析取，则同样可以推出 G，并且强烈程度一样。结果，这两种论证互相抵消，实际上都没有使用真正的证据-J 作为论证的前提。①

那么，普兰丁格究竟在批评洛维哪一点？其实关键就在洛维使用的前提 P 上。普兰丁格认为，对于 E_1 和 E_2，只能说"我们并不知道"有好的善可以为其辩护，但是"我们不知道"并不推出"真正就没有"，或许上帝已经安排好一个更大的善，而知道它又在理性范围外；但洛维使用的前提 P 就暗含了"真正没有"更大的善来为 E_1 和 E_2 辩护，在此基础上，进而推出 not-G 就不会很难了。从命题 P^* 和-J 来看，普兰丁格认为"没有善可以为 E_1 和 E_2 辩护"，这并不是肯定的，而只是可能的，所以要分两种情况讨论：

（1）如果假设了 G，它是全能、全知和至善的，则很可能"有一个善可以为 E_1 和 E_2 辩护"；

（2）如果假设了 not-G，那确实有可能"没有善可以为 E_1 和 E_2 辩护"。

从（1）和（2）可以清晰地看出，决定结论的，实际上并不是有 E_1 和 E_2，而是采信的假设，即人所拥有的信念，如果是一名一神论者，那么他会进行（1）这样的推论，如果是一名无神论者，那他就会照（2）来进行。这再次印证了普兰丁格的如此观点：方法受制于信念，规范性反驳不独立于事实性反驳，证据的使用要受使用者信仰的支配，反一神论者批评基督教信念是因为他们没有有关上帝的信念，而不在于他们发现或发明了一种更"科学"的方法。

---

① 参见：PLANTINGA A. Warranted Christian Belief ［M］. New York：Oxford University Press，2000：467 – 469.

针对苦难事实，德莱坡提出"冷漠假说"（hypothesis of indifference，以下简称 HI），并认为 HI 能够比一神论更有效地解释关于善恶的事实，同时 HI 不与一神论共容，它的内容是：

> 地球上有情感的存有的本性与状态，既不是一非人位格之行动所导致的善意结果，也不是其恶意的结果。①

笼统来讲就是，上帝与这个世界中的善与恶都无关。假设 O 代表苦难事实，德莱坡主张：

> C：HI 远比一神论更好地解释了 O 的原因。更准确的说法是：在 HI 为真的假设上的 O 的先行或然率远远大于在一神论为真的假设上的 O 的先行或然率。②

C 的大意是 HI 比一神论能更好地解释 O。更重要的是，他还主张，如果提出了一个严肃的假说，它与一神论不相容，而又比一神论对某些事情更有解释力，则人们可以认为一神论信念为真的或然率小于 0.5。这里，德莱坡似乎假定了一个普遍原则，意思是：

> （3）对于任何命题 P 和 Q 及人 S，如果 S 相信 P 和 Q，而 S 又有一个严肃的假设 R 是与 P 不相容的，而对 S 来说，Q 相对于 R 的先行知识或然率远比其相对于 P 为高，那么 S 就有初步的好的知识理由拒绝 P。③

---

① PLANTINGA A. Warranted Christian Belief [M]. New York：Oxford University Press，2000：470.

② PLANTINGA A. Warranted Christian Belief [M]. New York：Oxford University Press，2000：471.

③ PLANTINGA A. Warranted Christian Belief [M]. New York：Oxford University Press，2000：472.

但普兰丁格并不认同（3），他将其简化为："对某人 S 来说，如果命题 P 在证据上被挑战，那么 S 就会有一个初步的好的知识理由拒绝 P——对 P 保持不可知论或相信其否定句。"① 普兰丁格不这么看，他指出："我可以相信很多命题为真，并理性地接受了这些命题，而同时却又可以有反对证据。比如，彼得只有三个月大，是他有十九磅重的反对证据，然而我仍可以理性地和真实地相信彼得有十九磅重。"② 退一步说，即使现在所有的证据使得一神论为真的可能性非常低，但我们仍然可以合理地接受它，因为我们所相信的很多真信念，相对于一些其他信念，也是为真的可能性偏低的。普兰丁格举例道：

> 我现在玩扑克，相对于我所知道或相信的，我刚刚抽出了一副同花顺的可能性是十分低的，但这并不能推论出"我刚刚抽出了一副同花顺"这信念有半点非理性的成分。③

为什么？普兰丁格指出，这是因为人"相信自己抽到了同花顺"这一信念不是建基在那些或然率的知识基础上，而是建立在一种保证的基础上，这就是"感知"。亦是说，一旦某一信念得到了保证，则就算它在一些证据面前可能性偏低，但人们仍然可以合理地去相信这个信念，就比如刚才提到的人们"相信自己抽到了同花顺"这一信念就得到了"感知"的保证；同理，对于一神论信念也是如此，如果它们得到了某种保证——前文所述的 A/C 模型和上帝赐予的信仰，那么，就算它被一些证据挑战，人们仍可以合理地接受它、相信它。

回到德莱坡的 HI 假说上来，该假说主张，在苦难事实的强大证据面

① PLANTINGA A. Warranted Christian Belief［M］. New York：Oxford University Press, 2000：474.

② PLANTINGA A. Warranted Christian Belief［M］. New York：Oxford University Press, 2000：462.

③ PLANTINGA A. Warranted Christian Belief［M］. New York：Oxford University Press, 2000：464.

前，HI 理论明显比一神论信念更具解释力，更有说服力，所以，如果张三是一个理性的人，张三就应当放弃一神论信念，至少也不能如原来那般信心坚定。从上面普兰丁格举出的两个例子来说，德莱坡的这种推论确实存在问题。普兰丁格强调，人类日常生活中所相信的很多信念（如前面两个例子）似乎都要在证据上被挑战，然而它们确实很有可能。由此可见，对信念的基于证据的挑战在通常情况下都不怎么重要；所以，一神论信念受到证据上的挑战也就再正常不过了，但却不至于说信徒再继续接受它就是非理性的表现。①

当然，普兰丁格并非完全否定这种证据式的挑战，而认为它主要适用于科学领域，当某个科学假说遇到许多证据的反驳时，再接受它，这就是非理性的表现。然而，一神论信念之所以获得保证，并不是因为它能"恰当地解释一组数据，或优美地解释一组资料"②，而是因为有神圣感应及上帝所赐的信心和圣灵的内在引导。于是，普兰丁格得出结论："所以，如果一神论于我有充足的保证，那么我在一般情况下即使相信它在证据上受到挑战，这事实也不能成为否决因子。"③

最后，普兰丁格指出，苦难的事实要构成基督教信念的否决因子，在下列三种情况下才会有可能：第一，信仰者对基督教的信念还不够坚定，如果他看到这些信念在证据上被挑战，则他可能会拥有否决因子，放弃合理地相信基督教信念；第二，信仰者之所以相信基督教信念完全出于认为它能为一连串现象（如宇宙起源、对与错的真实性和客观性、天体按规律运动、人为什么会有精神等）提供最佳解释，这时，由于反对证据的出现，他便觉得基督教的那套信念已不能满足他的这种"解释欲"，因此他也可能获得否决因子；第三，虽然某个信徒接受了基督教，但若在这一过程中并

---

① 参见：PLANTINGA A. Warranted Christian Belief ［M］. New York：Oxford University Press, 2000：476.

② PLANTINGA A. Warranted Christian Belief ［M］. New York：Oxford University Press, 2000：477.

③ PLANTINGA A. Warranted Christian Belief ［M］. New York：Oxford University Press, 2000：479.

没有圣灵的内在引导，没有神圣感应，即他接受基督教信念并没有真正的保证，则他也可能在反对证据前形成基督教信念的否决因子。① 总之，普兰丁格强调，如果某人接受基督教信念的过程是得到保证的，则不论遇到怎样的不利证据，他仍然可以宣称自己是合理地相信了基督教信念，并且可以继续地相信它。所以，一个信念是否合理的源泉并不是证据，而是获得保证。

不难发现，洛维和德莱坡对一神论的批评都建基在一种或然率的思考方式上——如果苦难事实的证据使得一神论信念为真的概率偏低，则它们就可以构成一神论信念的否决因子。但普兰丁格举出日常生活中的事例说明，"事实上大部分否决因子都不是从一个人察觉到或然率关系产生的"。② 如，甲以为乙的名字叫"张三"，现在有人告诉甲"张三"不过是乙的笔名，乙真正的名字是"李四"，于是甲放弃"乙叫张三"的信念，而甲之所以放弃这个信念，并不是因为他觉得"乙叫李四"比"乙叫张三"的可能性大很多，这中间并没有一个或然率的思考成分在里面；又比如，张三看见远处的峭壁好像盖了一层雪，当张三走近之后发现雪正在移动，原来是一群羊，这时张三就放弃"那是一层雪"的信念了，这一过程似乎也不关或然率的事；还有一个例子，张三原来相信李四用的是新浪的电子邮箱，但从李四给张三写第一封电子邮件开始，张三发现原来李四一直用的是网易的电子邮箱，于是张三否决了关于"李四的电子邮箱地址是新浪"的信念，但这也不是出于或然率的思考方式。所以在日常生活中，"在大部分否决的情况里，似乎根本没有或然率的思考过程"。③ 从上面的几个事例来看，否决一个信念常常和它失去保证有关。

---

① 参见：PLANTINGA A. Warranted Christian Belief［M］. New York：Oxford University Press，2000：480－481.

② PLANTINGA A. Warranted Christian Belief［M］. New York：Oxford University Press，2000：482.

③ PLANTINGA A. Warranted Christian Belief［M］. New York：Oxford University Press，2000：482.

第四节　对非论证式的否决因子的回应

上面一节提到，普兰丁格已指出，如果想通过苦难的事实来论证接受基督教信念是不合理的，这条路向似乎不通；不能基于论证的方式来说明苦难事实可以成为基督教信念的否决因子。但是，还有另一种可能，就像基督教信念本身不是被论证、推理出来的一样，苦难事实是否也可以不倚赖演绎的、归纳的、最佳说明的、或然率的这类理性的方式，而像"神圣感应"产生一神论信念一般，自然而然地成为基督教信念的否决因子？

普兰丁格将这类问题称为，"苦难事实是否可以用这种方式（指不通过理性证明——引者注）成为一神论信念的潜在否决因子？"① 当看到或听到那些苦难事实之后，一个认知官能健全的人，并不需要做什么复杂的、学术式的论证，就可以非常清楚地感受到，苦难事实的存在已构成了一神论信念的否决因子；还有，虽然信徒可以一边面对苦难事实，而另一边又继续坚持一神论信念，但他之所以坚持是因为他想到一旦这个宇宙没有上帝的话就会乱套，并且由于长期习惯了有上帝信念的生活从而适应不了这么剧烈的改变的话，这个时候，坚持一神论信念就不是"朝向真理"，而只是寻求一种心理安慰，那它岂不是也失去了保证？② "如果这样，即使苦难和恶的事实并不使我放弃一神论信念，但于我它仍会或可能成为否决因子。"③

普兰丁格认为这类思想才是由苦难事实建构出的反一神论论证的最有力版本。人身上说不定有一个同神圣感应相反的信念产生机制，当人看到世界的种种悲惨之后，这个机制也会恰当地运作，并且产生另一种"真的

---

① PLANTINGA A. Warranted Christian Belief［M］. New York：Oxford University Press，2000：482.

② 参见：PLANTINGA A. Warranted Christian Belief［M］. New York：Oxford University Press，2000：484.

③ PLANTINGA A. Warranted Christian Belief［M］. New York：Oxford University Press，2000：484.

信念"——很明显，如果有上帝，就不应有如此多悲惨的事情存在。普兰丁格更指出，前面所讨论过的，不论是麦基是洛维还是德莱坡，他们精心提出的基于恶的事实的反一神论证明把人的注意力吸引到别处，人们在那些论证中不再亲身感受苦难对心灵的巨大震撼，而是绞尽脑汁在什么可能世界、概率函数这些抽象的概念里空想，这令他们忽略了最平常的方式——对苦难的直接感知。①

现在，普兰丁格面临的问题是：苦难事实能否以感知的方式直接成为一神论信念的否决因子？

对这一疑问，普兰丁格首先重申，"否决因子是相对于知识信念体系的，我的新信念 B 会否成为旧信念 B* 的否决因子，取决于我其他所相信的东西和我的经验"。比如，普兰丁格举例说，张三相信这树是枫树，李四则说是榆树，如果李四的说法成为了张三信念的否决因子，那也许是因为张三相信李四的植物学知识比自己好，并且凭以往相交的经验，张三认为李四在这件事上欺骗自己的可能性不大；反之，如果张三更相信自己的知识及经历，或者直觉告诉他李四在有意欺骗，那李四的说法就不能成为张三原有信念的否决因子。总之，普兰丁格的意思是，否决因子不是独立地出现，它是相对于一整套的知识体系而言的，会被人们所相信的其他东西影响。

所以，苦难事实能否构成基督徒信念的否决因子，还是要取决于他所相信的其他东西，否决因子应当是在一套知识信念体系的背景中形成的。普兰丁格指出，"如果基督教是真的，相对于一个完整理性的知识信念体系，感知到苦难不会成为相信上帝的否决因子。"② 所谓"完整的理性"的意思是 A/C 模型及神圣感应在圣灵的内在引导下恰当地运作，如果这样，它"会令人有一个亲切的、仔细的、栩栩如生的和明确的有关上帝的知识，

---

① 参见：PLANTINGA A. Warranted Christian Belief [M]. New York：Oxford University Press，2000：484.

② PLANTINGA A. Warranted Christian Belief [M]. New York：Oxford University Press，2000：485.

他会强烈地感受到上帝的临在、荣耀、善良、能力、完美、奇妙的吸引力和甜美，他会觉得上帝的存在就和他自己的存在一样真实"。① 当然，若遇到苦恶的事实，他也会产生疑惑，但这种念头只是偶尔掠过，如果他找不到答案，会倾向于相信上帝必有他的理由，而这不能被人理解。因此，对于"完整的理性"的人，由于他仍然坚信其他的东西——上帝存在，所以苦难的存在并不会有力地构成基督教信念的否决因子。② 换句话说，这一否决因子在他的那一整套"完整的理性"的知识信念体系不被认同，因而难以形成。

但现在的问题是，由于人的堕落，人普遍处在罪的状态，所以，已经没有人处在"完整的理性"的状态中，大多数人的神圣感应机制已被破坏，相应地，上帝的临在就并不明显，这时候，苦难事实难道不能成为一神论信念的否决因子？

普兰丁格对此进行了反驳，他认为，按基督教观点，在圣灵的内在引导下，神圣感应机制在信心和重生的过程里原则上不断地得到修补，有信心的人会再一次感受到上帝临在。如果他遇到苦难问题，虽然他无法知道其中的原因，但在信心的导引下，他会想到，上帝愿意与自己一起承担苦难，这时候，他的心就会平静下来。因此，那些有信心的人是不会让苦难事实成为他们有关上帝信念的否决因子的。如果他拥有了对上帝信念的否决因子，就是他知识信念系统里理性出错的结果，比如神圣感应机制出了毛病，或者没有在适当的环境中被激发。总之，普兰丁格认为："在所有可能情况下相信上帝的人都不会因为知道恶的事实而得到一神论的否决因子。"③ 换句话说，只要人的一神论信念是在神圣感应机制恰当运作和圣灵的内在引导下产生的，亦是说，获得了保证的情况下，恶的事实都不能构

---

① PLANTINGA A. Warranted Christian Belief［M］. New York：Oxford University Press，2000：485.

② 参见：PLANTINGA A. Warranted Christian Belief［M］. New York：Oxford University Press，2000：485.

③ PLANTINGA A. Warranted Christian Belief［M］. New York：Oxford University Press，2000：491.

成一神论信念的否决因子。

到这里可感觉到，普兰丁格在信仰的路上越走越极端，语气似乎也越来越"蛮横"：无论如何，只要人类的神圣感应机制在起作用（实际上就是说如果人类信仰上帝），那么，苦难和恶的事实在任何情况下都不会成为人们信仰上帝的否决因子，除非这人不信上帝。但普兰丁格又没有提供具有说服力的理论来解释：为何会有人不信？为什么会有不信上帝的人？当然，普兰丁格会解释说是因为这人的神圣感应机制没有恰当地运作，所以他不信上帝；不过这好像什么也没解释，因为神圣感应机制没有恰当地运作等同于不信上帝，如同说盲人看不见是因为眼盲一样，等于同义反复，没有增加实质内容。我们需要知道，盲人的眼睛为什么会盲？普兰丁格会进一步辩解说，因为"堕落和罪"，所以神圣感应机制不能正常运转，但是，如若上帝以及神圣感应机制本就是虚构，"堕落和罪"的概念又从何而来？更进一步，若没有上帝，普兰丁格的这套认知理论又找谁去"保证"？

所以，普兰丁格承认，这一切都是从基督教的观点来说的，即是说，如果基督教信念是真实的，那么苦难与恶的事实就决不会成为基督徒信念的否决因子。但从无神论者角度看，若基督教信念为假，那这个问题就要另外讨论。他们认为，苦难和恶的事实既可以成为基督徒信念的内在（internal）否决因子，也可以成为该信念的外在（external）否决因子，普兰丁格对此分别进行了反驳。①

一方面，关于苦难和恶的存在可否构成基督教信念的内在否决因子。普兰丁格指出，内在否决因子的概念指若某人在获得信念过程中并没有尽到主观上应尽的认知责任，那他就得到一个内在否决因子，如果他继续相信以前相信的，那他就是非理性的。普兰丁格认为对于信徒来说，恶的事实不可以成为一神论信念的内在否决因子，因为他们相信基督教的故事是真的，他们也很清楚这个世界上苦难及恶的事实，并慎重地考虑了这些问

---

① 参见：PLANTINGA A. Warranted Christian Belief［M］. New York：Oxford University Press，2000：492 - 493.

题，但是他们仍然相信基督教是真的，所以，不能指责他们在逃避认知责任，他们做了应有的基本思考，他们对得起自己的认知良心。

另一方面，关于苦难和恶的存在可否构成基督教信念的外在否决因子。外在否决因子这个概念指人们产生信念的过程是认知失常的，或者这一过程并不导向获取真理，这时只有放弃先前的信念才能体现人的理性。普兰丁格认为这一点对于基督徒来说更加不可能，因为"他们认为他们的信念是恰当地起作用的认知官能所产生，那作用正是上帝期望那些官能所有的，并且期望那是导向产生真信念的"。① 前文已述，否决因子的产生还要依赖于某一知识信念体系，即要依赖人们所相信的其他东西，所以，如果张三相信基督教信念是获得保证的，那张三就不会相信苦难事实可以构成这种信念的否决因子。

从这两个方面，普兰丁格说明不论从论证途径还是感知途径，苦难和恶的事实都难以成为基督教信念的否决因子。即不论从哪方面讲，基督徒接受基督教信念都是合理的，非理性的指控失败。如前文所述，普兰丁格承认，这仅是对基督徒而言有效，前提是基督教信念为真。如果反一神论者已假设了基督教信念为假，那么他确实可以恰当地声称苦恶事实构成了基督教信念的否决因子。② 问题是，如果有人已经认为基督教信念为假，那他还需要苦难事实构成否决因子做什么？对于无神论者来说，寻找一神论信念的否决因子其实已经是多此一举，有没有否决因子他们都会坚信没有上帝；反一神论者说了这么多否决因子，但否决因子对于此类信念的变更究竟又有什么用？简言之，他们并不是因为否决因子而不信上帝的，而是因为他们不信上帝，才去不断地寻找和建构各种各样的否决因子。

① PLANTINGA A. Warranted Christian Belief [M]. New York：Oxford University Press，2000：492.

② 参见：PLANTINGA A. Warranted Christian Belief [M]. New York：Oxford University Press，2000：492-493.

第五章
追踪和评论

恶难题不仅是宗教哲学的重要议题，在神学和伦理学中也是一个重要的研究领域。西方的古代先贤对于恶的问题已经有过不少的讨论，不过一般认为该问题主要是在基督教神学的语境中提出的。接下来我们对西方思想史中关于恶问题的思考线索作一个提纲挈领式的追踪，以便在这个问题的历史脉络中寻找普兰丁格的定位；最后评论他辩护的特点，以及对于汉语思想可能存在的借鉴意义。

第一节　普兰丁格与西方哲学史中的"恶的问题"

恶是上帝创造的吗？倘若上帝不是恶的来源，为什么《以赛亚书》第45章第7节说："我施平安，又降灾祸"？对该问题的一般解释是，这里的"灾祸"是指在人的眼中看为坏或不方便的事，但并不是指道德意义上的恶。《创世记》中，亚伯拉罕奉上帝的命令，准备杀死自己的儿子献为祭物。这使人们承认宗教信仰要高于道德上的善。① 另外，许多基督徒都听过约伯的故事，约伯是一位敬虔的义人，但上帝却让他遭受魔鬼的打击。《约伯记》没有解释这些事情发生的原因，也许是因为上帝并不期待人们对苦

① 参见：河野真. 人与恶——东西方恶论面面观 [M]. 王永昌，译，石路，校. 北京：中国人民大学出版社，1992：3.

难和恶给出一种合理化的解释，这样人们才能单单地依靠信仰。其实从《旧约》的这两则叙事中倒可以推测，西方思想史中信仰与理性的张力关系，也许就是在对恶问题的反思中逐渐形成的。

　　苏格拉底同样没有回答"恶是什么"的问题，但他在《普罗塔戈拉》中提出："没谁愿意去求坏的事情或他认为坏的事情吧？"① 这句话后来被概括为"无人甘愿为恶"的原则。其实苏格拉底提出这个说法要从他与城邦智术师的斗争说起。当时雅典的不少年轻人被智术师吸引，想成为他们的学生。苏格拉底在年轻人面前与智术师辩论，主要目的并不是得出"美德即知识"的结论，而是通过展示普罗塔戈拉之流的灵魂品第，好让青年学子不去和他们学习。所以"无人甘愿为恶"更像是苏格拉底抵御智术师、挽救年轻人灵魂过程中的一个副产品。从他们的对话可以看到，普罗塔戈拉主张快乐能够强迫有知识的人，使他们不按知识，而按快乐行事。苏格拉底就要反过来主张知识使人快乐。他说，既然人们做事情就是在更多和更少、更大和更小、更远和更近的快乐与痛苦中做出智慧的选择，那么衡量术对生活来说就非常重要。而衡量术（即计算、称量快乐与痛苦比例的技艺）显然是一种知识。一旦掌握这种知识，它自然会使人快乐。② 所以，如果世人可以追求面对他不感到畏惧的事情，谁会去追求面对他感到畏惧的事情呢？世人畏惧的事情就是坏的事情，因此"没有一个人会愿意去求面对或拿取他认为是坏的事情"。③ 但如所说过的，苏格拉底不在意得到什么样的结论，他主要想通过言辞的竞赛使智术师丧失对年轻人的吸引力。在《普罗塔戈拉》结尾，确实是普罗塔戈拉首先感到说不过苏格拉底，找了个借口灰溜溜地先行离开了。④《普罗塔戈拉》得出的不是一个定论，而

① 柏拉图. 普罗塔戈拉［M］. 刘小枫，译//柏拉图. 柏拉图四书. 北京：三联书店，2015：153.
② 参见：柏拉图. 普罗塔戈拉［M］. 刘小枫，译//柏拉图. 柏拉图四书. 北京：三联书店，2015：150－152.
③ 柏拉图. 普罗塔戈拉［M］. 刘小枫，译//柏拉图. 柏拉图四书. 北京：三联书店，2015：154.
④ 参见：柏拉图. 普罗塔戈拉［M］. 刘小枫，译//柏拉图. 柏拉图四书. 北京：三联书店，2015：162.

是一种心性的结局。

对苏格拉底与智术师辛勤斗争的告慰就是，柏拉图没有成为一名公开挑战宗教的智术师，他提出的哲学体系在后世反而得到了基督教的青睐。假设苏格拉底没有对雅典的年轻人采取上述保护措施，使他们回避智术的话，雅典能涌现像柏拉图这样真正爱智慧的哲人吗？人们不得而知。不论如何，柏拉图在恶的问题上继续论证了他老师的观点。在《斐多》中，苏格拉底要证明灵魂不灭这样一种设定或安排是正义的，即，为了正义，灵魂必须不死。何以见得呢？因为只要灵魂不死，人类就需要不仅为了今生而且要为了万世来关照自己的灵魂。并且灵魂不灭对于邪恶有极大的威慑作用，柏拉图借苏格拉底的口说："倘若死就是一了百了，对坏人来说简直就是一笔意外之财：他们一死，在摆脱身体的同时，也连带让灵魂摆脱了他们的邪恶。"① 灵魂不死意味着恶人摆脱不了对邪恶的惩戒。这样，从灵魂要为恶行负责这点来说，有智慧的世人也是不愿为恶的。

《理想国》在讨论城邦中的三等人以及灵魂的三个部分时涉及恶的问题。相关对话开始，苏格拉底首先说服格劳孔，灵魂是由欲望、理性和激情三个不同部分组成。当这三个部分在自身内恪守本分，各司其职时，这个灵魂就是正义的。苏格拉底认为灵魂内部的正确秩序应当是理性起领导作用，激情起协助理性的作用（例如激情可以使理性所做的决策得到勇敢的执行），并服从理性；当理性与激情通过音乐和体育的培养而变得协调并温和文明时，它们就去领导和监视欲望，不使欲望这个灵魂中最大的部分变得过大过强，以致它企图支配整个灵魂，从而摧毁人生。苏格拉底说，就像城邦的正义在于三等人各做其事，灵魂的正义也在于这三个部分各自发挥各自的功能。② 城邦的正义和个人的正义都在于正确的分工，而恶实际上就是自身内不同部分相互间的管闲事。"不正义、不节制、懦怯、无知，总之，一切的邪恶，正就是三者的混淆与迷失。"③ 但世人并不愿意自己的

---

① 柏拉图. 斐多 [M]. 刘小枫，译//柏拉图. 柏拉图四书. 北京：三联书店，2015：528.
② 柏拉图. 理想国 [M]. 郭斌和，张竹明，译. 北京：商务印书馆，2009：169.
③ 柏拉图. 理想国 [M]. 郭斌和，张竹明，译. 北京：商务印书馆，2009：173.

灵魂变得如此混乱，正如无人愿意得病。

可是，也许因为不了解苏格拉底对话的语境，亚里士多德对"无人甘愿为恶"的观点进行了商榷。在《尼各马可伦理学》中，亚里士多德通过论证指出有人是愿意作恶的，愿意做一个坏人的。对此他的第一个论证方法是诉诸人对行为手段的选择。他说，人做事是要实现某个目的，而实现目的所应采取的手段就是人们要考虑选择的题材。因此与手段有关的行为就是由人的选择来确定，从而是出于意愿。例如他可以选择高贵的手段甲来达到目的，也可以选择卑鄙的手段乙来实现目的。倘若他选择了手段甲，那么他就是选择了德性；倘若他选择了手段乙，那他就是选择了恶。这说明德性是在人的能力之内，恶也是在人的能力之内。既然这一选择关系到一个人的善恶，而且它在人的能力范围之内，因此一个人是做好人还是做坏人就是出于人的意愿的。①

亚里士多德的第二个论证方法主要是诉诸报复和惩罚事实的存在。他认为，从对坏人坏事的报复和惩罚中就能确认，行恶是在人的能力范围之内的，否则就不需要对坏人坏事做出惩罚或谴责。例如，杀人偿命的原则就是设定了凶犯是故意而为的，如果凶手的行为不是出于自愿，而是被人胁迫或在失去意识的状况下做出的，人们对他的惩罚可能就会相应地减轻甚至不惩罚。因而，人们既然遏止和惩戒某些恶行，就是因为这些恶行是出于坏人的意愿。如果做某事不是出于人的愿意，不在人力所能及的范围，人们一般不会去指责。例如，人们不会去谴责不会游泳的人不去救溺水者。再者，法律甚至会惩罚那些因为疏忽而不知道法律规定而犯罪的人，因为他们本应当谨慎行事而知道那些法律的。亚里士多德认为这些事例都足以说明，灵魂的恶是出于人的意愿。当然，虽然恶是出于人的意愿，但这也不是说，只要人愿意，他就能够弃恶从善，变得具有德性。就像病人不是

———————

① 参见：亚里士多德. 尼各马可伦理学［M］. 廖申白，译. 北京：商务印书馆，2003：76 – 77.

希望病愈就能病愈。①

在《尼各马可伦理学》中，亚里士多德通过与德性相对照的办法讨论了何为恶的问题。他认为人如果在感情上和实践中保持了适度，就是德性；而如果在感情和实践上做得过度和不及，那就是恶。"过度与不及是恶的特点，而适度则是德性的特点……德性是两种恶即过度与不及的中间。"② 例如，勇敢是德性，而它的不足（怯懦）和过度（鲁莽）都是恶。再比如，一个人在实践中单纯是不足的，狡猾则是过度的，而它们的中间即明智才是德性。亚里士多德发现，还有一些实践和感情（如谋杀和嫉妒）无论如何都是错误的，它们不存在适度、不及、过头的区分。③ 或者说，它们本身就已经是一种绝对的过度或不及了。亚里士多德的恶论在恶问题的研究领域有时被低估，其实之后不少关于恶的观点都能够在亚里士多德这里找到思想的源头，像"恶是形式的匮乏"的说法可能已经出现在他的著作当中。

普罗提诺（Plotinus，205—270）对恶的问题提出的见解是对古希腊哲学关于恶的思考的汇总，同时影响了之后基督教神学看待恶问题的模式。他将恶视作一种非存在，一种善的匮乏和形式的短缺，一种没有规范、无所限定、易受影响且不断生变的不确定性；还在视觉的角度上把恶与黑暗和幻影的意象关联起来。虽然普罗提诺的恶论属于一元论的善恶观，没有主张恶有一个独立和超越的本原，但普罗提诺还是与灵知主义以及摩尼教类似，将质料看作是恶的来源。另一方面，普罗提诺尽管承认形体世界中存在着邪恶，但又认为这些恶在整体的世界中被平衡了，这个世界在整体上看仍是好的，恶只是从局部和暂时的角度去看才存在，因此至高的本体太一并不需要为恶负责。④ 他的恶论还给后世留下了尖锐的问题，即：灵魂到底是如何堕落的？因为根据普罗提诺，灵魂似乎是因为受到质料的影响

---

① 参见：亚里士多德. 尼各马可伦理学［M］. 廖申白，译. 北京：商务印书馆，2003：78 - 81.

② 亚里士多德. 尼各马可伦理学［M］. 廖申白，译. 北京：商务印书馆，2003：49 - 50.

③ 参见：亚里士多德. 尼各马可伦理学［M］. 廖申白，译. 北京：商务印书馆，2003：50 - 51.

④ 参见：张映伟. 普罗提诺论恶［M］. 上海：华东师范大学出版社，2006：251 - 257.

而产生了摇摆，但高级别的事物怎么可能被低级别的事物影响？于是问题变为，难道灵魂是因为本身变得不纯洁而开始受到质料的影响，然后堕落的吗？① 倘若回答是，那么善的灵魂是怎么变得不纯洁的？如果一个善的东西有变成坏的可能，则它还能不能称为善？虽然普罗提诺曾经提出一种解释——个体灵魂因为追求脱离宇宙的灵魂，变得孤立而走向虚弱，最后在形体中沦陷。但这些理论困难后来也持续困扰着希波主教奥古斯丁。

为了突破普罗提诺瓶颈，奥古斯丁将恶的问题与他对世界历史的思考融为一体，将它们纳入到以天使为首的上帝之城和以魔鬼为首的地上之城交锋的视野当中来应对。而两城的对抗在奥古斯丁那里最终还原为心灵内部敬神还是渎神这两种意志的冲突。奥古斯丁不认为恶是由质料引起的，这虽然贯彻了一元论，却使得心灵不得不独自忍受善恶之间的剧烈交锋。奥古斯丁和柏拉图都是从心灵秩序的角度来理解善恶问题，但柏拉图在谈到心灵秩序时首先想到的是城邦的秩序，在他那里心灵秩序是对城邦秩序的模仿，而在奥古斯丁这里情况反了过来：两城的秩序更像是对个人心灵的秩序的模仿。这是人们认为奥古斯丁终结了西方的古典文明的一个方面。② 上帝之城与地上之城的对抗是从天使的分裂开始的，奥古斯丁在解释《创世记》第一章时具体谈论了这个过程：

如果我们能够明白天使是在最初的光被造的时候造出来的，圣洁的天使与不洁的天使有一个分离的过程，如经上所说，"上帝把光暗分开，称光为昼，称暗为夜"，那么对上帝造物的解释并不荒谬。因为只有上帝能作这种分离，也只有他能预见到天使的堕落和天使会堕落，由于被剥夺了真理之光，天使会因为骄傲而滞留在黑暗之中。……至于伴随天使的、神圣的、散发着真理光芒的"昼"，以及用来表示偏离正义之光的、邪恶天使的昏暗心灵的"夜"，只有上帝本身能够把它们

① 参见：张映伟. 普罗提诺论恶 [M]. 上海：华东师范大学出版社，2006：165.
② 参见：吴飞. 心灵秩序与世界历史：奥古斯丁对西方古典文明的终结 [M]. 北京：三联书店，2019：99–102.

区分开来，因为邪恶天使未来的恶——不是它们性质中的缺陷，而是它们的意愿——不可能躲过上帝或不被上帝所知。①

奥古斯丁把上帝说"要有光"理解为上帝创造了天使。当上帝把光和暗分开时，奥古斯丁便认为这意味着天使当中发生了分裂，有一些天使因为内心骄傲而停留在黑暗中，他们没有转身面对上帝，得不到上帝的真理之光的照耀，从而成为称为"夜"的魔鬼。圣洁的天使愿意亲近上帝被真理之光照耀，因而称为"昼"。所以，在奥古斯丁的解释下，天使变成魔鬼的原因（这是恶的太初）在于心灵的昏暗与骄傲，而不是上帝将他们造成了不同的天使。这种堕落的原因发生在天使的内心之中，而非上帝所创造的性质或自然中。总之，在解释天使这类精神受造物堕落的原因时，奥古斯丁已经以心灵秩序的模式来处理了。②

人们可能认为，使恶发生的东西本身也是恶的，或许有一种至恶，它是所有恶的第一因或来源，不过天使博士托马斯·阿奎那（Thomas Aquinas，1225—1274）拒绝了这样的想法。他说："除非是物，无物可能是原因，而一切物，以其为物来说，都是善的。"③ 他在解释"恶是存在的短缺"的含义时举例说，盲眼是一种恶，但"盲"本身要依附眼睛这种存在（善）才有可能，"盲"本身并不是一种存在。由于阿奎那否认存在着一种彻头彻尾的恶的事物，所以他就否认了诸恶具有第一因或者来源的可能性。在他看来，恶没有原因，因为恶的产生是偶然的，即便承认恶的原因是善，善也不是本然地或直接地成为恶的原因，而只是偶然地成为恶的原因。值得注意的是，在《神学大全》中，阿奎那在澄清恶的原因问题后，接下来处理的主题就是天使，这说明他也意识到恶的问题与天使论是分不开的。恶的根源恐怕还是要在精灵而不是人当中寻找。

---

① 奥古斯丁. 上帝之城 [M]. 王晓朝，译. 北京：人民出版社，2018：409 – 410.

② 参见：吴飞. 心灵秩序与世界历史：奥古斯丁对西方古典文明的终结 [M]. 北京：三联书店，2019：76 – 82.

③ 阿奎那. 神学大全：第二册 论天主创造万物 [M]. 周克勤，等，译. 台南：碧岳出版社，2008：68.

　　启蒙运动是减少还是加增了人世间的恶，目前人们得不出一致的看法。但"根本恶"（radical evil）这一概念在康德（Immanuel Kant，1724—1804）著作中的出现，也许从一个侧面提示了恶问题的严重程度在加剧。康德从人的意志的角度来解释恶的起源，对他而言，意志就是善恶的中心点。康德把这样的人看为道德上仍是恶的，即，他除了自爱的法则之外，还接纳道德的法则，但将两种法则的道德次序颠倒了，"从而把自爱的动机及其偏好当做遵循道德法则的条件"。① 在康德看来，正确的做法是将遵循道德法则作为独一无二的动机纳入任性的普遍法则之中。在他那里，恶是心灵的颠倒，恶的心灵把遵循道德法则的动机错误地作为自爱的一个条件，而不是将前者作为最高的条件来服从。

　　人身上趋恶的自然倾向在康德看来是根本的。"根本"的意思在于，首先，这种恶产生了广泛的影响，"它败坏了一切准则的根据"；其次，正是因为这点，这种趋恶的自然倾向不能借助人的能力而得到解除。不过康德还是相信，由于人是自由行动的存在者，因而它必定能够得到克服。根本恶的一个特别的表现是，心灵即便没有形成恶习，它也只是借着字句在遵循法则，而没有从法则本身之中引申出遵循的动机。这就是说，一些人遵循道德法则的动机也许只是使自己的行为符合道德法则的字句，而不是以法则本身作为自己充足的动机。他们遵循的动机并不是为了德性本身，而是设定了其他一些条件。康德认为这一点会使得人心奸诈，自我欺骗和猥琐，这种猥琐"包含在人的本性的根本恶之中"，使人们丧失道德判断力，并构成人这种族类的污点。②

　　但康德所讲的"根本恶"不是指恶的本原，也不是指人从起初被造时就有的一种趋恶的倾向，甚至也不是指人从根本上败坏了。根本恶是人身上一种趋恶的自然倾向，但不是一种基础的趋恶的倾向。否则的话，恶的

---

　　① 康德. 纯然理性界限内的宗教（注释本）［M］. 李秋零，译. 北京：中国人民大学出版社，2012：22.

　　② 参见：康德. 纯然理性界限内的宗教（注释本）［M］. 李秋零，译. 北京：中国人民大学出版社，2012：23－24.

开端就不是因为自由意愿，而会是必然造成的了。所以康德说："每一种恶的行动，如果我们要寻求它在理性上的起源，都必须这样看待它，就好像人是直接从天真无邪的状态陷入到它里面一样。"① 他甚至明确认为："原初的禀赋毕竟是一种向善的禀赋。"② 康德这样说的目的就是要让人对自己的败坏负百分之百的责，而不能以宿命之类的原因作为借口。他与阿奎那类似，认为恶最初是从哪里来的问题是不可理解的，就是说恶的起因不存在可理解的根据，从而可以说恶的开始是偶然和随机的。康德对此的解释同样诉诸天使或《圣经》的记载，他说，《圣经》没有把起初的恶放在人里面，而是放在一个原本高贵的精灵里面，既然它不是从人那里开始的，因而人就不能理解它是如何开始了。③

事实上，当康德后来提出要建立伦理的共同体来帮助个人抵拒趋恶倾向的时候，他已经表现出一种返回古代的姿态了，即，重新依靠整体的力量来坚固个体不坚定的心灵，正如在普罗提诺那里看到的，灵魂的虚弱就是个体灵魂断开与世界灵魂的连接，陷入孤立无助的结果。然而，真正从社会和历史的全体来审视恶的问题并提出集体所有制的现代解决方案的恐怕还是马克思。康德仍然是从个体的心灵秩序来切入恶问题的，尽管他之后提出了一种非个体的解决方案。而马克思从一开始就把对恶的批判纳入了他的政治经济学的批判体系中，他似乎没有专门地讨论恶的问题，可能就是因为他要从全体的角度来处理这个问题。

所谓马克思解决恶问题的"整体视角"，就是他没有"头痛医头，脚痛医脚"，关注点不是在个人的内心，而是整个资本主义的社会制度。他要做的是先解决全局性的问题，通过整体和环境的改善，以及使个体依附于集体，来恢复个人趋善的倾向。马克思是以社会秩序为出发点来思考个人心

---

① 康德.纯然理性界限内的宗教（注释本）[M].李秋零，译.北京：中国人民大学出版社，2012：26.
② 康德.纯然理性界限内的宗教（注释本）[M].李秋零，译.北京：中国人民大学出版社，2012：29.
③ 参见：康德.纯然理性界限内的宗教（注释本）[M].李秋零，译.北京：中国人民大学出版社，2012：29.

灵秩序的问题。因而，可以把马克思在《资本论》第 1 卷结尾有关原始积累历史的部分，看作是他对恶存在于世界中的确认和记录。

马克思在那里说："掠夺教会地产，欺骗性地出让国有土地，盗窃公有地，用剥夺方法、用残暴的恐怖手段把封建财产和克兰财产转化为现代私有财产，这就是原始积累的各种田园诗式的方法。这些方法为资本主义农业夺得了地盘，使土地与资本合并，为城市工业造成了不受法律保护的无产阶级的必要供给。"① 于是不难理解，马克思在刚开始讨论原始积累时为何就把它与基督教的"原罪"概念联系了起来。马克思也承认宗教改革有利于资本主义的发展，但和韦伯（Max Weber, 1864—1920）不同，他对两者之间的这层关联是感到羞耻的。例如他提到，亨利八世（Henry Ⅷ, 1491—1547）借着宗教改革没收了大量修道院的土地，使很多居民不得不离开自己的家园。马克思讲宗教改革与资本主义的关系时，侧重的是历史、社会和经济的联系；韦伯在谈到两者关系时，虽然列举了许多社会学的统计数据，但其实要表明的是它们之间的思想或精神（气质）关系。

康德的"根本恶"说似乎被 20 世纪以来人类相互残杀的历史所验证，尤其是奥斯威辛事件，甚至使一些犹太人思想家认为，即便"根本恶"也不足以勾画人的恶贯满盈了。汉娜·阿伦特（Hannah Arendt, 1906—1975）于是创造了两个和恶有关的概念以从哲学上对上述事件进行反思："绝对的恶"和"平庸之恶"。这对概念可谓是康德"根本恶"概念的升级版本，因为阿伦特明确承认康德根本恶的说法对自己思考的影响。

其中"绝对的恶"是指在阿伦特看来，从人可以理解的动机来说，现代社会的一些恶达到了恶的顶点。在致雅斯贝尔斯（Karl Theodor Jaspers, 1883—1969）的信中，阿伦特写道："客观地说，'十诫'没有写到现代罪行；或者说，西方传统一直有这种先入之见：人所能做的罪大恶极之事出自'自私'之恶。但是，我们知道，最大恶或根本恶与这种人性可理解的

---

① 马克思. 资本论：第 1 卷［M］//马克思，恩格斯. 马克思恩格斯文集：第 5 卷. 北京：人民出版社，2009：842.

作恶动机不再有任何关系。"① 绝对的恶与自私之恶无关，却似乎与某种"无私"或对他人的"监护"有关。因而阿伦特认为绝对的恶是这样一种社会现象，即由于某一个人的无所不能，人的复数性存在被大幅度地缩减，人作为理性存在者的行为不再有自发性和不可预期性的特点。

另一个概念"平庸的恶"可能是阿伦特标志性的一个概念，或许也是她最受争议的一个概念。这个概念当然首先指向艾希曼这样的纳粹中层官员——他们并不是恶棍或魔鬼，而是为了升迁而执行上级命令的普通干部；他们的问题在于"无思"而不是愚蠢。但更加令人心寒的是阿伦特在调查这一案件过程中揭露出来的另一种类型的平庸之恶，就是艾希曼在执行任务时竟然得到了"犹太委员会"的元老们的合作：

> 艾希曼及其下属将每节车厢的拟装载人数报给犹太委员会元老，后者再提交乘客名单给前者。犹太人登记姓名，填写大量表格，回答关于个人财产的海量问卷，使财产没收流程变得更加顺畅。然后，他们到达集合地点，踏上列车。少数试图躲藏或者逃跑的人，被犹太特别警察控制起来。就艾希曼所见，没有人提出抗议，也没有人拒绝合作。②

> 对于一个犹太人而言，在毁灭本民族的过程中担任犹太领袖，无疑是整个黑暗历史上最黑暗的一页。……无论在阿姆斯特丹还是在华沙，在柏林还是在布达佩斯，犹太官员被委托拟定人员及其财产名单，从被遣送者手中收取钱财用作其乘车费和灭绝费，监督清空公寓，提供警力协助抓捕犹太人，再把他们带到火车上，直到最后，把犹太社团的财产有序充公。……在他们受纳粹启发（而非胁迫）所作的宣言

---

① 伯恩斯坦. 根本恶［M］. 王钦，朱康，译. 南京：译林出版社，2015：252 – 253.
② 阿伦特. 艾希曼在耶路撒冷—— 一份关于平庸的恶的报告［M］. 安尼，译. 南京：译林出版社，2017：120.

中，我们仍能感受到他们多么享受于这份新近获得的权力。①

简单来讲，在奥斯威辛这一并非小规模的工程中，还忙于两线作战的纳粹政府可能只是负责上层设计，大量具体的事务需要由犹太人自己完成。如有些地区的毒气室由犹太技术人员设计和建造，毒气室和锅炉房里还经常看到犹太工作人员的身影，消除犯罪痕迹这种事情不需要纳粹亲自动手做。而且在整个过程中，艾希曼并没有动用胁迫手段，因为犹太人在少数犹太领袖的指挥下，井然有序地配合着这一毁灭计划的执行，以至于艾希曼在接受审判时并没有表现出明显的愧疚感，因为他感觉自己只是"彼拉多"。出现这些荒唐的事情，阿伦特认为是他们失去换位思考能力而造成的。

为什么艾希曼和犹太人都失去思考的能力呢？两个可能的原因，第一，犹太人的屠杀是借助现代的工业机器以及交通系统来完成的，刽子手的手没有沾染鲜血，他们只是麻木地按下冰冷的按钮，由机器批量地完成了程序。杀人者大多数时候没有亲眼见过被杀者，这减低了他们的良心受到直接煎熬的程度和频次。第二，不管是艾希曼还是犹太领袖，都置身一种官僚制的晋升体系中，他们对晋升的喜悦和渴望遮盖了必要的良知拷问。就像阿伦特提到的，不少犹太人享受着官方的任命，并希望维持这种被重视的感觉。而且，这种事自己不去做的话，还是有其他人抢着去做。阿伦特对艾希曼和犹太委员会的元老们的平庸之恶的纪实为康德的根本恶的哲学理论提供了现实的佐证。就像在自然科学领域中，人们通过实验找到的新元素验证了之前提出的科学预言。

相比之下，普兰丁格讨论恶的问题主要是为他的宗教信仰辩护。这个基本立场决定了在面对恶和苦难现象时，普兰丁格首先考虑的不是那些受难者，而是说明这些受苦并不使接受基督教的信仰成为不合理性的。普兰

---

① 阿伦特.艾希曼在耶路撒冷——一份关于平庸的恶的报告［M］.安尼，译.南京：译林出版社，2017：123.

丁格对人世间的苦恶也许没有马克思和阿伦特那样的痛心疾首，他关注的是冷静的逻辑学和科学问题，即恶的存在与基督教上帝的存在和属性是否构成逻辑矛盾？以及恶的事实是否使基督教上帝的存在概率偏低（恶能否成为基督教信仰的一个否决因子）？虽然普兰丁格讨论恶问题的动机并不中立，结论亦先于证明，但鉴于他采用的方法和模式，我们不妨把普兰丁格研究恶问题的路径称为"关于恶的理论科学研究"；而把柏拉图、亚里士多德、奥古斯丁、康德的研究方式笼统地称为"关于恶的人文科学研究"（他们主要是从灵魂或心灵角度来探讨恶）；把卢梭、马克思、阿伦特的研究方式笼统地称为"关于恶的社会科学研究"。这三种研究恶问题的类型在应对现代社会中恶的多重性方面都能有所贡献。

当然，由于普兰丁格不是从社会政治的角度来考察恶的问题，因此他不大可能像马克思那样，提出减少和克服恶的改制方案。在马克思主义的审视下，普兰丁格的工作属于对世界的解释，即为世界中存在的恶现象提供一种相容于基督教教理的解释，使基督徒继续坚持原有的信仰。但它可能无法直接改变世界，就是说，普兰丁格也许没有告诉人们如何减少人类社会的恶。这是普兰丁格的局限性。但是，普兰丁格的理论能够在心理上帮助人们去对抗苦难的经历，使他们可以不被其击倒并对未来抱有盼望，这样人们才有机会战胜和消灭恶，因为信仰能够支撑受难者，给人心以抚慰和温暖。

第二节　普兰丁格对汉语思维的意义

详细察看的话，信或不信上帝似乎与现世中的苦恶事实无关（或者说没有特别决定性的关系）——许多人都曾经历或面对过苦与恶的事实，但这些事情不一定会把一位基督徒变做无神论者，也不是说无神论者因为经受了苦难就变得开始信仰上帝。苦恶事实不一定让基督徒变为无神论者，同样，也不一定让无神论者转变成基督徒。因为信仰，既不是从人自身中产生，也不可以在大自然中得到，它不由某种人的经验或外在事实（如苦难事实）决定。按照基督教的观点，信仰就是信仰，信仰也只能是信仰；它在根本的意义上属于上帝，堕落的人本来无缘这一上好的福分，但慈爱的上帝为了拯救人类，将信仰作为恩典赐给人类，这是信仰唯一的来源，自上而下，再无他径，这保证了信仰的真实。从人的理性出发去寻求信仰可能是一柄双刃剑，它会带来某种危险，因为它所依据的是有限的，有缺陷的，不完满的事物，这就可能贬损那至高而完满的实在，正如我们在苦难问题中所看到的，人可以利用理性从大自然的缺陷中去证明上帝不存在。普兰丁格对恶疑难进行了比较成功的辩护，也给了人们另一个提醒：要警惕理性的、自然的神学，它总是刚开始美好，似乎能解释清楚不少问题，但最后也许会走向反面——对上帝做偏属人的理解。但信仰只有在信仰之源泉上帝那里才能找寻稳固的根据。普兰丁格主张，有了信仰，人类就能充分地"知道"上帝，没有信仰，人的理性推导不出真正的上帝；并且他在信仰与理性的关系上主张，虽然不是每个时刻每个问题细节上都要让信仰主导，但在整体上要明确信仰对理性的主导地位。

那么，普兰丁格在他关于恶疑难的解释和辩护中体现了他思想的什么特点？

首先是重视信仰的主导作用。这不是说普兰丁格倡导、推广基督教信仰，毋宁说是他明白"信仰的主导作用"是学术研究的一条重要原则，并且，他擅长揭示他的思想对手也被这条原则所支配。

其次是在言说上帝时尽量不做武断性陈述，而只做可能性陈述，言说上帝时多用"可能"之类的限定语。本书第二章里，普兰丁格认为传统神义论的缺点就是认为可以为上帝允许恶的存在找出一种确定理由，而他所提出的辩护方案仅是指出上帝允许恶的存在的理由有可能是这样；在对摩尼那主义的批评中，他也认为，在"反事实条件句"下，上帝仅是可能知道人会自由地做什么。总之，由于人的知识与上帝智慧的无限距离，普兰丁格主张对上帝的性质和判断（除了上帝明显启示过的之外）少做武断性的陈述；因为一旦这类陈述过多，就仿佛人是"全知"的一样——上帝会怎么样，人的理性都可以知道。普兰丁格的这一特点，也可能跟他以前热衷于可能世界理论有关。

再次是理论分析与生活直觉相结合的特点。一方面，普兰丁格重视运用逻辑学工具对概念做出精确分析，另一方面，他又强调要到活生生的现实生活中体会概念的含义，他喜欢用日常生活中的普通事例来阐述自己的理由。这点在本书第四章中有比较突出的体现。在恶的问题上，他虽然在理论上精益求精，但也赞同黑格尔的观点——信徒只有在实实在在的崇拜中才能克服恶。

最后，普兰丁格的排他主义一直为人所诟病，有人指责他的这种主张容易让矛盾激化，不利于社会和谐。笔者在阅读普兰丁格著作时却有如下感受，他经常采取一种息事宁人的做法，希望把问题的结论表达为双方都能接受的形态。他很少主动挑起争论，更多的是回答和退让；他不会一开始就将对方观点撕碎，而是在承认对方观点有一定程度的合理性后，选取其中一点找出弊病，而反一神论者往往一开始就将基督教信仰全盘否定。虽然反一神论者常常指责基督教信念是非理性的，但普兰丁格很少指责无神论者们是非理性的，而是显得尊重他们的世界观和思想；虽然在原则问题上普兰丁格不会做丝毫退让，但他并非一定要反一神论者接受他的观点，而是希望双方能在不同的原则下尽可能达成共识；因为他清楚，恶的疑难是不同信仰的人都要面临的一个难题，他不是想提供一条对恶疑难普遍有效的解释法则，而是希望人们能从自己的信仰中去寻求答案。

这里还要提及普兰丁格思想风格的转变。青年时代的普兰丁格意气风发，著作里面满纸的模态理论、可能世界，希望从逻辑学中找到上帝允许恶和苦难存在的可能理由；后来，可能随着年龄增长，普兰丁格越来越多地从基督教本身的教义资源中去寻求恶问题的解释。本书第二章已述，普兰丁格早年对神义论比较反感，而最近，普兰丁格明确说道，他过去认为没有好的神义论，但现在已不能确定。可见，普兰丁格越来越从宗教关怀的角度来看待恶的问题，这使他可能向神义论回归。实际上，在 2003 年，他写了一篇文章《堕落前预定论或"因罪得福"》，这篇文章可以说是普兰丁格对其早年思想的一种订正——它向人们提供了一种神义论，主要观点是，人类所遭受的痛苦是为了让上帝能够给人们提供救赎机会以实现人与上帝的永远契合，即上帝只拯救那些堕落、受苦而又蒙救赎的人。①

　　回到汉语语境，汉语神学目前正处在汲取营养的成长时期，所以汉语神学一方面要广泛吸取不同资源，另一方面也要常常自省：植根在汉语思维中的神学可能会有怎样的"先天不足"？以及，在汲取非汉语神学的资源时汉语思维曾有何得失？也许汉语思维的"先天不足"一定程度就表现在吸取资源之"失"上，因为学习的主体正是用汉语思维的人，这种"先天不足"会自动让我们在选择异质文化时带有某种"先天偏好"。汉语神学要把汉语思维的本身优势带入到全球神学中，但当下最紧要的还是从非汉语神学中吸收那些能弥补汉语思维的先天不足的资源；而只有先摆脱选择时的"先天偏好"，才有可能最终克服自身的"先天不足"。基督教神学粗略来说有启示神学和自然神学之分，那么中国传统文化下的汉语神学更需要与哪一种传统结合？

　　关注"礼仪之争"的莱布尼茨这样看待中国宗教：儒教是一种自然神论，它没有经过神的启示这一阶段，它的道德不是建立在启示或神迹的基础上，而是以自然理性为基础。莱布尼茨又认为：关于上帝的知识在自然神学那里只是浑浊的（如孔子学说），这种浑浊只有在启示之中才能得到澄清。如果莱布尼茨这一评价大致正确，那么我们就应当意识到，在汉语思维中，向来并不缺少以人的自然理性为路向的自然神学之维，我们所缺乏的是由上至下的启示与恩典之光，也许这就是汉语思维的"先天不足"，但如果汉语神学首先是一种神学，那么，它就应当要有勇气去正视并设法克服这一"先天不足"。如前所述，长远来看，汉语神学的目标之一是将汉语思维的优势带入全球神学里面，但从近期看来，首先应是将已成型的普世神学融入汉语语境中来，表明汉语亦能承载神学之思，并争取在一定程度

---

①　PLANTINGA A. Supralapsarianism, or "O Felix Culpa" ［M］// VAN INWAGEN P. Christian Faith and the Problem of Evil. Grand Rapids：William B. Eerdmans Publishing Company，2004：9 – 10.

上弥补汉语思维固有之缺陷，丰富和提升整个民族的思维角度和层次。由于汉语思维本身悠久的自然理性传统，同样以自然理性为路向的基督教自然神学在汉语语境中的传融估计不算太难（历史和现状也仿佛真是这样），真正能擦亮火花的当要看启示神学与汉语传统思维之碰撞。在传统的汉语语境中，承载自然神学似乎不难，是因为它本身更合国人口味，因此并非对汉语语境与基督文明之融合的真正挑战；真正让人拭目以待的是，汉语思维究竟能否真正接纳完全异己的启示之光？这一点也许将左右汉语神学未来的自身定位或汉语神学之后的纯粹程度。

普兰丁格属于当代加尔文宗的宗教哲学家或护教学家，虽然有分析哲学的"包装"，但即使是在欧美亦是一名以强调信仰和启示而著称的学者，当然他的思想跟启示神学还是有一定区别，不过也不失作为一个案例来考察启示之光与汉语语境的融洽程度。笔者希望汉语思维能以较大的包容度来对待这样一种比较"另类"的思想，并从中学到自身缺失的一些东西。

参考文献

一、著作类

[1] ADAMS R M. Plantinga on the Problem of Evil［M］// TOMBERLIN J E，VAN INWAGEN P. Alvin Plantinga. Holland：D. Reidel Publishing Company，1985.

[2] BAKER D-P. Alvin Plantinga［M］. New York，Cambridge University Press，2007.

[3] BEILBY J. Epistemology as Theology：An Evaluation of Alvin Plantinga's Religious Epistemology［M］. Burlington：Ashgate Publishing Company，2005.

[4] CLARK K J. Return to Reason［M］. Grand Rapids：William B. Eerdmans Publishing Company，1990.

[5] GRIFFIN D R. Evil Revisited［M］. Albany：State University Of New York Press，1991.

[6] HICK J. Evil and the God of Love［M］. London：The Macmilian Press LTD. 1977.

[7] HOWARD-SNYDER D. The Evidential Argument from Evil［M］. Bloomington：Indiana University Press，1996.

[8] HUME D. Dialogues Concerning Natural Religion［M］. Indianapolis：Hackeet Publishing，1980.

[9] HOITENGA D J. Faith and Reason from Plato to Plantinga [M]. Albany: State University of New York Press, 1991.

[10] KVANVIG J L. Warrant in Contemporary Epistemology [M]. Lanham: Rowman&Littlefield Publishers, 1996.

[11] LIVINGSTON J C. Modern Christian Thought: vol 2 [M]. Minneapolis: Fortress Press, 2006.

[12] MASCORD K A. Alvin Plantinga and Christian Apologetics [M]. Milton Keynes: Paternoster Press, 2006.

[13] PARK D. The Anthropology of Evil [M]. New York: Basil Blackwell LTD, 1985.

[14] PLANTINGA A. God and Other Minds [M]. Ithaca: Cornell University Press, 1967.

[15] PLANTINGA A. God, Freedom and Evil [M]. Grand Rapids: William B. Eerdmans Publishing Company, 1974.

[16] PLANTINGA A. The Nature of Necessity [M]. New York: Oxford University Press, 1974.

[17] PLANTINGA A. Alvin Plantinga—Self-Profile [M] // TOMBERLIN J E, VAN INWAGEN P. Alvin Plantinga. Holland: D. Reidel Publishing Company, 1985.

[18] PLANTINGA A. A Christian Life Partly Lived [M] // CLARK K J. Philosophers Who Believe: The Spiritual Journeys of 11 Leading Thinkers. Downers Grove: InterVarsity Press, 1993.

[19] PLANTINGA A. An Evolutionary Argument Against Naturalism [M] // RADCLIFFE E S, WHITE C J. Faith in Theory and Practice: Essays on Justifying Religious Belief. Chicago: Open Court Publishing Company, 1993.

[20] PLANTINGA A. Pluralism: A Defense of Religious Exclusivism [M] // SENOR T. The Rationality of Belief and the Plurality of Faith: Essays in

Honor of William P. Alston. Ithaca：Cornell University Press，1995.

［21］PLANTINGA A. Supralapsarianism, or "O Felix Culpa" ［M］// VAN INWAGEN P. Christian Faith and the Problem of Evil. Grand Rapids：William B. Eerdmans Publishing Company，2004.

［22］PLANTINGA A. Warranted Christian Belief ［M］. New York：Oxford University Press，2000.

［23］PLANTINGA A，TOOLEY M. Knowledge of God ［M］. Malden：Blackwell Publishing，2008.

［24］SENNETT J F. The Analytic Theist：An Alvin Plantinga Reader ［M］. Grand Rapids：William B. Eerdmans Publishing Company，1998.

［25］STEWART M Y. Philosophy of Religion：An Anthology of Contemporary Views ［M］. Burlington：Jones & Bartlett Publishers，1996.

［26］SWINBURNE R. Is There a God ［M］. New York：Oxford University Press，1996.

［27］WITTGENSTEIN L. Culture and Value ［M］. WINCH P trans. Oxford：Basil Blackwell，1980.

［28］YARDAN J L. God and the Challenge of Evil ［M］. Washington：Council for Research in Values & Philosophy，2001.

［29］阿伦特. 艾希曼在耶路撒冷——一份关于平庸的恶的报告 ［M］. 安尼，译. 南京：译林出版社，2017.

［30］阿奎那. 神学大全：第四册 论人的道德行为与情 ［M］. 周克勤，等，译. 台南：碧岳出版社，2008.

［31］奥古斯丁. 八十三个问题 ［M］. 石敏敏，译//奥古斯丁. 时间、恶与意志问题汇编. 北京：中国社会科学出版社，2020.

［32］奥古斯丁. 上帝之城 ［M］. 王晓朝，译. 北京：人民出版社，2018.

［33］奥特，奥托. 信仰的回答——系统神学五十题 ［M］. 李秋零，译. 香港：道风书社，2005.

［34］巴克莱.《新约·圣经》注释：下卷 ［M］. 文国伟，等，译. 上海：

中国基督教协会, 1998.

[35] 伯恩斯坦. 根本恶 [M]. 王钦, 朱康, 译. 南京: 译林出版社, 2015.

[36] 柏拉图. 理想国 [M]. 郭斌和, 张竹明, 译. 北京: 商务印书馆, 2009.

[37] 柏拉图. 普罗塔戈拉 [M]. 刘小枫, 译//柏拉图. 柏拉图四书. 北京: 三联书店, 2015.

[38] 柏斯丁. 追随论证 [M]. 上海: 上海人民出版社, 2013.

[39] 波伊曼. 宗教哲学 [M]. 黄易成, 译. 北京: 中国人民大学出版社, 2006.

[40] 陈波. 逻辑哲学 [M]. 北京: 北京大学出版社, 2005.

[41] 韩林合. 分析的形而上学 [M]. 北京: 商务印书馆, 2003.

[42] 河野真. 人与恶——东西方恶论面面观 [M]. 王永昌, 译, 石路, 校. 北京: 中国人民大学出版社, 1992.

[43] 康德. 论神义论中一切哲学尝试的失败 [M]. 李秋零, 译//刘小枫, 陈少明. 康德与启蒙. 北京: 华夏出版社, 2004.

[44] 康德. 纯然理性界限内的宗教（注释本）[M]. 李秋零, 译. 北京: 中国人民大学出版社, 2012.

[45] 克拉克. 重返理性 [M]. 唐安, 译. 北京: 北京大学出版社, 2004.

[46] 莱布尼茨. 神义论 [M]. 朱雁冰, 译. 香港: 道风书社, 2003.

[47] 梁骏. 普兰丁格的宗教认识论 [M]. 北京: 中国社会科学出版社, 2006.

[48] 梁燕城. 苦罪悬谜——从中西哲学探索"恶的问题" [M]. 香港: 天道书楼有限公司, 1980.

[49] 马克思. 资本论: 第1卷 [M]//马克思, 恩格斯. 马克思恩格斯文集: 第5卷. 北京: 人民出版社, 2009.

[50] 潘能伯格. 神学与哲学 [M]. 李秋零, 译. 香港: 道风书社, 2006.

[51] 斯图沃德. 当代西方宗教哲学 [M]. 周伟驰, 吴增定, 胡自信, 等,

译．北京：北京大学出版社，2001.

［52］麦葛福．基督教神学原典菁华［M］．杨长慧，译．台北：校园书房出版社，2003.

［53］彼得森．理性与宗教信念——宗教哲学导论［M］．孙毅，游斌，译．北京：中国人民大学出版社，2005.

［54］普兰丁格．基督教信念的知识地位［M］．邢滔滔，徐向东，张国栋，等，译．北京：北京大学出版社，2004.

［55］单纯．当代西方宗教哲学［M］．北京：中国社会科学出版社，2004.

［56］孙清海．普兰丁格"保证"三部曲研究［M］．北京：中国社会科学出版社，2018.

［57］孙毅．个体的人：祁克果的基督教生存论思想［M］．北京：中国社会科学出版社，2004.

［58］田文军．冯友兰传［M］．北京：人民出版社，2003.

［59］唐佑之．苦难神学［M］．香港：卓越书楼，1991.

［60］吴飞．心灵秩序与世界历史：奥古斯丁对西方古典文明的终结［M］．北京：三联书店，2019.

［61］亚里士多德．尼各马可伦理学［M］．廖申白，译．北京：商务印书馆，2003.

［62］杨慧林．罪恶与救赎［M］．北京：东方出版社，1995.

［63］张力峰，张建军．分析的宗教哲学［M］．南京：江苏人民出版社，2010.

［64］张映伟．普罗提诺论恶［M］．上海：华东师范大学出版社，2006.

［65］张志刚．宗教哲学研究［M］．北京：中国人民大学出版社，2003.

二、论文类

［1］关启文．当代哲学神学［J］．世界哲学，2003（4）：25 - 41.

［2］麦克布莱德．马克思哲学论恶［J］．周可，译．华中师范大学学报（人文社会科学版），2015，54（4）：67 - 72.

［3］孙清海．恶与生存：生存视角下的神义论问题［J］．世界宗教文化，2018（01）：117－124.

［4］谢文郁．存在论的新动向：偶态分析［J］．哲学动态，2006（2）：24－28.

［5］薛霞霞．论《马可福音》的复活观［D］．北京：中国人民大学，2005.

［6］张力峰．模态逻辑与本质主义［D］．北京：北京大学，2004.

［7］张昕．普兰丁格的自由意志辩护研究［D］．西安：西北大学，2017.

［8］周伟驰．普兰丁格的矛盾［J］．现代哲学，2007（03）：99－111.

［9］周伟驰．当代宗教多元论与宗教排他论之辩［J］．道风：基督教文化评论，2004，21：207－223.

附录一
普兰丁格自传

一、我的根和少年时代

我于 1932 年 11 月 15 日出生在密歇根州的安阿伯市，我的父亲科尼利厄斯 A. 普兰丁格（Cornelius A. Plantinga）那时还是一名哲学专业的研究生。我的母亲莱缇·普兰丁格（Lettie Plantinga）出生在威斯康星州的奥托附近。她的母亲一家大约在南北战争期间迁来美国；二十年之后，她父亲一家也来到了美国。这两家都来自荷兰的格尔德兰省（province of Gelderland）的埃尔思佩特和兰斯特村（the villages of Elspeet and Nunspeet），那里以前就以兴旺的奶牛场而出名，现在也以库勒慕勒博物馆（Kröller – Muller Museum）而闻名遐迩。我的父亲出生在弗里斯兰（Friesland）省的一个叫伽日普（Garijp）的小乡村，荷兰人将弗里斯兰省视为他们最靠北的一个省份，但是，弗里斯兰人想得比这要多。弗里斯兰有它自己的文化、国旗和语言，这种语言更接近中古英语而不是荷兰语（事实上在所有的日耳曼语言中，弗里斯兰语是最接近英语的）。在荷兰人中间，弗里斯兰人说得严肃一点可是顽固不化之徒。荷兰语中有一个说法是"Friese Stijfkop"，它字面上的意思就是说弗里斯兰人是"一根筋"。在这一方面，弗里斯兰人或许类似古犹太人，在《旧约》中他们经常被说成是顽梗和硬着颈项的。当然，弗里斯兰人自己不这样看待此事，对荷兰人所谓的"一根筋"，弗里斯兰人认为那是勇敢的坚持。很多弗里斯兰人津津乐道他们在第一次和第二次世界大战中都不曾向德国人屈膝过，这个故事是不是属实我不知道，但应该加以说明的是，德国人也许就没有想要过弗里斯兰。

我爸爸的祖父是一个目不识丁的弗里斯兰农夫。按照家族的传统他整个夏天都在拼死拼活地干活，因此体重会减掉 10 到 15 磅。为了弥补，他又会在冬天花大把时间来睡觉，在附近的一条运河里钓鱼，想必这样可以恢复夏天下降的体重。我的爷爷和他的兄弟们在布尔战争（Boer War）期间大概正值上大学的年纪；他们常常通过给他们的爸爸读英国人暴行的报道来捉弄他——他们总装做那都是在报纸上看到的，但是事实上，它们要不就是出自捏造，要不就是被添油加醋地夸大。

不论是我爷爷那边——安德鲁·普兰丁格（Andrew Plantinga）和蒂钦·普兰丁格（Tietje Plantinga），还是我奶奶那边——克里斯蒂安·博森布鲁克（Christian Bossenbroek）和莉娜·博森布鲁克（Lena Bossenbroek）都在加尔文主义的教会里得着牧养，这些教会起源于所谓的 1834 年的"分离运动"。在 19 世纪的 30 年代，荷兰有一个相当大的宗教复兴（"晨号"），就像欧洲的其他大多数地区。由于对荷兰国家教会中的神学自由主义，空洞的形式主义和真正虔诚的缺失的彻底厌恶，许多会众从中退出并建立归正宗教会，致力于实践历史上著名的加尔文主义。那些退出者在国家承认的权柄手中遭受大量的处罚和迫害；他们为了追求他们相信正确的敬拜上帝的方式，愿意押上他们的生命甚至自由。加入独立教会的生活是一件艰辛之事。宗教只是关乎一个人的私人生活或者一个人在礼拜天做了什么这样的想法对他们来讲是奇怪的。对他们来说，宗教就是生活的中心实在；生活的各方面，他们认为都应当按照基督教生活。他们也主张（我认为是正确的）教育在本质上是宗教性的；可以存在着一种世俗教育，但没有那种完全理性且宗教中立的教育存在。他们因此建立了独立的小学和中学，它们都是公开的基督教学校，在这些学校里，基督教对许多学科的意义都能被仔细和公开地说明。后来，在伟大的神学家和政治家亚伯拉罕·凯柏（Abraham Kuyper）（1901 年到 1905 年任荷兰总理）的领导下，他们在阿姆斯特丹建立了一所加尔文主义的大学：自由大学（Free University）——并非因为所谓的不受政府的管制或者免受现代世俗主义的影响的自由，如一些人以为的那样，而是因为它脱离了教会的自由。尽管这所大学被加尔文派的基督徒建设成为一所加尔文主义的大学，但是它并不受教士、加尔文主义者或其他宗派的控制。

在这个世纪最初那几年，我的爷爷安德鲁·普兰丁格，在弗里斯兰有着相当兴旺的建筑生意。由于一些不完全清楚的原因，他决定移民美国。1913 年，他携带家眷来到了美国。首先来到了新泽西，接着来到了爱荷华州的谢尔登（Sheldon），该州西北角的一个小乡村。我爸爸在那儿上了小学。一到爱荷华州，我爷爷就成了一位农民。因此自然而然，在一战前的那些日子他希望他的儿子从事爱荷华州艰辛的农活。但我爸爸对书本的兴趣远大于对农活的兴趣，所以我爷爷的这些希望化成了泡影。这兴趣使我爸爸惹上了麻烦。当在爱荷华大太阳底下汗流浃背地种玉米时，习惯做法是让马儿在一排排玉米的尽头休息；我爸爸会带着一本书，当马儿休息时，他就在尽头开始看书，并完全沉浸在所读的内容中。大约一小时后，有人会注意到他，因着可预料的结果。他也发现自己频繁陷在他所读之书处理议题的争论中。事实上，许多年后，他爱荷华州的叔伯们曾问他觉得从地球到月球有多远，当他回答是 240000 英里，并坚持认为如果有一条从谢尔登到月球的好路，他们可以开着福特 T 型车在一个半小时内到达那里时，他们都哄堂大笑。

他的儿子不会在爱荷华州的农场终老一生，当这点变得对安德鲁·普兰丁格再明显不过时，他决定让他的儿子念中学。这个决定比它表面看起来重要。身为一个"分离运动"的后裔，安德鲁认为他的儿子应该去一所加尔文主义的中学；而荷兰的移民中属于"分离运动"这一派的人在美国只建立了为数不多的这样的中学，并且在爱荷华州的西北根本就没有这样的学校。所以，他做出了相当大的牺牲，再一次带着他的家眷搬到了密歇根州的霍兰，在那里他成了一名木匠，并一直做这门生意到八十多岁。在那里，我的父亲就读于一所当地的基督教中学，弗兰肯纳（William K. Frankena）是他的一位同学，我父亲随后去了加尔文学院。这所大学，作为我在上面提到过的基督教热心高等教育的一个结果，由基督教的归正宗教会于1876年建立。在那里他遇见了我妈妈，尽管那个时候就说她是我妈妈不一定准确。

我姥爷家在威斯康星州的维托和奥托之间拥有一个农场，当我还是一个小孩子时，我的夏天大都是在那里度过的。那些年的夏天，从我的角度来看，绝对是最棒的；我仍然认为一个中等大小的农场对一个孩子来讲是所能想象的最好地方了，至少在夏天的时光是如此。当然了，做礼拜在那里也是生活中非常重要的一部分。在星期天有两堂礼拜，早上一堂，下午一堂，在我很小的时候下午的那堂是荷兰语礼拜。一些最初的记忆仍然历历在目，炎热周日下午的教堂里，穿着厚厚的节日服装，听着牧师用一种我完全不懂的语言发出嗡嗡的声音，我只好数着天花板上瓷砖的数目，全程都有窗外的夏蝉声做伴。就当时的我看来，只要出去了就会有天堂。在做完礼拜后，主要的话题经常是牧师的证道；错误理解了教义或"重点错误"的牧师就要倒霉了！尽管教会中的大多数成员都是没受过多少正式教育的乡下人（我的祖父幸运地读完了六年级），但是还是有许多令人惊讶的神学训练。许多人曾读过凯柏和巴文克，有一些人在神学上比一些带领教会的牧师还优秀得多。

在加尔文学院，我的父亲，就像弗兰肯纳及许多其他人一样，完全拜服在耶勒马（William Harry Jellema）的魅力之下，并决心成为一名哲学家。因此，他接下来来到密歇根大学读哲学研究生。我的哥哥利昂（Leon），现在是耶鲁大学的音乐学教授，还有我都是在那个时候出生的。接下来，我父亲到了杜克大学，在此他拿到了哲学博士学位，师从斯特恩（William Stern）、吉尔伯特（Katherine Gilbert）和麦克杜格尔（William Macdougall）。斯特恩和麦克杜格尔既是优秀的哲学家，也是优秀的心理学家。所以我父亲在得到哲学博士学位同时还拿了一个心理学的硕士学位。在那个年代，也像今天一样，教职是很难得到的。由于很难找到一个教哲学或心理学的工作，我父亲在杜克大学又花了一年拿下一个教育学的学位。这段时间对我父母来说一定是困难的，我们一家四口暂时只能住在一座私人住宅的一间房里。那时我们一家的周收入全靠我妈妈在打字署所赚的 12.5 美元，而其中有 5 美元用来支付房租。我们的食物沦落到花生黄油、地瓜和牡蛎，这些在北卡都是便宜货。尽管我的家族经受了一种非常磨人的贫困，这种贫困使他们的祖先离开了荷兰，但是我哥哥和我对这种贫穷境况没有什么印象。

1941 年，美国卷入了二战，我父亲终于得到一份工作，在休伦学院（Huron College），一个在南达科他州的小型长老会大学。我在休伦念完五年级和六年级。在杜克大学学习了康德，黑格尔和先验唯心主义不久，我父亲的第一次执教经历是上哲学导论课。很自然地他花了很多的时间在康德和黑格尔上，尤其是对康德的先验自我论讲解很仔细。那个时候的休伦学院，并没有以顶尖级的学生而超群（许多最优秀的学生都去打二战了）。在上了大约六周的课后，他注意到部分学生没有完全理解的迹象，于是决定是时候来一次考试了。让他哭笑不得的是，他一阅卷便发现一个学生竟然认为讨论的主题是康德的"横贯大陆之鹰"说①，即一种飞越了大陆的巨鸟。

在休伦学院工作两年后，我父亲来到了北达科他州的詹姆斯敦学院（Jamestown College），那里他教拉丁语、希腊语，哲学和心理学，偶尔也涉足社会学和宗教。我在这里念了初中和高中。我的几个弟弟也在这里出生：特雷尔（Terrell），现受雇于哥伦比亚广播公司；小科尼利厄斯（Cornelius），现在是加尔文神学院（Calvin Seminary）的一名神学教授。在北达科他州读书的日子让我对某些事情有了求知欲。我想也许我在数学上有些偏科。在中学时我形成这样一个观念，高等数学并没有比开高次根多多少——中学是平方根和立方根，大学就是四次根、五次根或更高次根。结果，足够悲伤的是，我在大学时远离了数学并且从来没有欣赏到其中的美和力量，直到很久以后——约 15 年过去之后。我父亲想在学校的课程之

---

① 康德的"Transcendental Ego（先验自我）"与"Transcontinental Eagle（横贯大陆的鹰）"在拼写和发音上比较接近，所以有不认真听课的学生弄混淆了。

外给我开些小灶，他教了我一些拉丁语，并向我介绍了柏拉图的对话录。我彻底地迷上了柏拉图。为增加趣味，我父亲总是用他在大学和研究生期间的轶事来解释柏拉图的意思，然后大约 14 岁时我决定要当一名哲学家。

我在詹姆斯敦中学念完了十一年级后，我父亲宣称我正在学得不够，应该跳过中学的最后一年，这对直接到大学注册有利。这完全不适合我；虽然我觉得柏拉图有趣，但我觉得中学生活更有趣。特别是，我积极地参加中学的运动会。我对中学橄榄球队和篮球队的贡献要不是以出色要不就是以热情而超群。我还在 1948 年（是该赛事举办的第一年）全州中学生网球锦标赛上拿了单打第二名。并和布尔（Alexander Burr）一起拿了双打的第一名，他现在是新墨西哥州立大学的一位物理学家；但是在当时，北达科他州曾近距离看过网球拍的男孩子甚至也许没有超过 12 个，这一事实使得这次表演的光芒没那么耀眼。我不情愿地跳过了中学的最后一年，这本来会是我在中学运动会中表现最棒的一年。仍然，我听从了父亲的建议（"建议"这个词在这里也许用得太轻了）在 1949 年秋天，我 17 岁生日的前几个月，我在詹姆斯敦学院注册。在那个学期我父亲被邀请加入加尔文学院的心理学系。大多数加尔文学院的毕业生都很难拒绝这样的工作机会。我父亲也不例外；他决定离开詹姆斯敦学院去加尔文学院，并坚持我也应该转学到加尔文学院。那年，我本来就不想进大学，也肯定不想离开詹姆斯敦，我对那有很深的依恋。尽管我的性格有那么一点点叛逆，我还是照父亲的要求做了。因为需要一些申请表，我写信给瑞斯德（Henry J. Ryskamp），他是加尔文学院的院长，一位备受尊敬的 60 岁左右的教授，我在信中称他"亲爱的汉克"。今天这样说似乎无所谓，但在 35 年前的加尔文学院，这种不讲礼节的做法是非常冒失的，给我父亲在那里的工作前景添上了一片阴云。但是，1950 年 1 月，我们离开了北达科他州到了密歇根州的大湍城。我离开得依依不舍。我想大多数美国人都不会把北达科他州列入他们理想居住地的清单里面；但我却特别喜欢住在那里。如今，30 多年过去了，一想到六月清晨日出后的草原盛景——牧场里百灵鸟格外悦耳的歌声、金色的日光、凉爽且充满数千种野花芬芳气息的空气，我就会激动和怀念。

一到大湍城，我就在加尔文学院注册了。只不过为了好玩，在第一个学期期间，我申请了哈佛大学的奖学金。令我相当惊讶的是，我被授予了丰厚的奖学金；因此，1950 年秋，我出现在了剑桥。我发现哈佛很迎合我的喜好。我秋天上了一门由迪莫斯（Raphael Demos）开的哲学导论课，然后在春天又上了他开的柏拉图课。我仍然记得读《高尔吉亚篇》时的惊讶感——惊讶它那优美的语言、引人入胜的复杂论证、严肃但偶尔又被温柔地减轻的道德语气、贬低诸智者的妙言妙语。春季学期我还修了一门逻辑课——正如它所表明的，是一门相当初步的和简单的课程，没有人告诉我选的是蒯因（Willard Van Orman Quine）的逻辑课，我甚至连他的名字都没听说。

二、高校经历

加尔文学院

在哈佛的第二学期，我于春假期间回到了大湍城。由于加尔文学院的春季休息时间与哈佛的不相一致，我才有机会在加尔文学院上了一些课。我经常听我父亲提起威廉·哈里·耶勒马，他于 20 年代末 30 年代初是我父亲在加尔文学院的哲学教授。因此，那周我参加了耶勒马的 3 次课程。那对我来说是决定性的一周。我发现耶勒马是如此地令人印象深刻以至于我当时就决定要离开哈佛回到加尔文学院，跟他学习哲学。那是一个我从未后悔的决定；加尔文学院或许成为了我一生中主要的智识影响因素。排在第一位的就是有哈里·耶勒马——毫无疑问，我认为，他是我遇见过的最有天赋的哲学老师。在 50 年代初我跟他学习时，他大约 60 岁，正处于能力的巅峰时期；而且他的确给人印象深刻。首先，他"看"起来就像一位伟人——铁灰色的头发，英俊潇洒，精力充沛且笔直挺立的行为举止展现出力量和自信，总是面带微笑。其次，他"听"起来像个伟人。虽然他在美国长大，但仍有一丝欧洲口音——我想，牛津可能伴有一点欧洲大陆的味道在里面。耶勒马以一种威严的风格讲课，整个西方哲学史在他那里都是信手拈来。他看起来展示出了对现代哲学内在动力的惊人而深刻的见解——例如，理性主义者和经验主义者之间的深刻联系，还有他们与康德之间的联系，以及他们的潜在预设与早期中世纪和基督教思想的潜在预设之间的对比。尽管耶勒马是一个头脑极为敏锐的人，但他首先并不是一个细致或严谨的思想家；他的专长是广阔视野的方法，而不是逻辑学显微镜式的方法。我深深地为他的魅力所着迷；如果他告诉我黑的就是白的，那么我就会进行一次真正的思想斗争。

当然，我不是唯一一个。耶勒马于 1920 年来到加尔文学院，也正是在那一年加尔文学院成为了一所 4 年制的文理学院；除了在 30 和 40 年代于印第安纳大学的一段为期 12 年的工作任职之外，他在接下来的 43 年里都待在加尔文学院。在那期间，大量聪慧的学生都受到了他的影响。特别是在早期，加尔文学院里极高比例的认真的学生要么去主修哲学，要么去辅修哲学。这一现象部分地是由于我前面所提到的民众阶层对神学和神学论证的广泛兴趣。那时，许多学生是带着对于神学争论业已形成的口味和对哲学问题的强烈兴趣来到学院的（我记得，当我 11、12 岁的时候，我有时会被关于宿命论、神圣预知、人类自由以及相关话题的激烈讨论吸引。至于严谨性，我相信，这些讨论并不亚于很多当代的神学）。但这在很大程度上要归功于耶勒马的智力和魅力。考虑到加尔文学院的规模——我父亲在那里做学生时有 300 名学生，而当我在那里时有 1300 名——它的毕业生中有引人注目数量的人都在继续从事哲学事业。许多人都有着以"a"结尾的弗里斯兰名字：布斯马、弗兰克纳、霍伊滕伽、霍克马、霍克斯特拉、梅勒马、保赞伽、普兰丁伽、波斯特马、斯特里克韦达、维连伽等等。这就导致了一种类似于定律的概括，即如果一位美国哲学家的名字以"a"结尾，并且不是 Castañeda、Cochiarella 或 Sosa 的话，那么这位哲学家就是加尔文学院的毕业生。

耶勒马通常上课晚到 10 到 15 分钟左右（为了补回平衡，他经常会再拖堂 5 到 10 分钟，这样就使得我们准时赶上下一堂课变得困难了）。他会先走进来，扔一沓笔记在桌子上，再走到窗户前，把它打开（不管天气如何），然后开始讲课。他似乎从来没有"参阅"过那些笔记，我们都很想知道它们是干什么用的。耶勒马的课堂具有奇特的广度、深度和精巧性；但它们也确实无疑地不是以交流方面的专家所青睐的风格进行传达的。例如，没有多少"眼神交流"的方式；大多数时候，他都在看着窗外或学生头上的后墙。"大多数时候"，我是指：他会时不时地在课堂上轮转，挑选一些不幸的受害者，然后进行无情而势头不减的苏格拉底式的审问。随后的结果便会证明，身边的这位受害者虽然出生并成长在基督教归正宗的怀抱里，而且是神学和哲学的忠诚学生，却对什么是"偷窃""虔诚"或信仰上帝一无所知。他似乎时常选择那些在其宗教信仰之中表现出某种自命不凡或过度舒适的品质的人作为他的受害者。耶勒马的考试，像他的课程一样，也是独具特色的。在"古代哲学"期末考试的时候，他迈着大步走了进来，在黑板上写下"对希腊哲学给出一个有联系性的解释"，然后迈着大步走了出去；最后一个完成的学生则把蓝皮答题卷带到了办公室。由于他没有在那里待到考试结束，学生们往往会持续答上超出常理的时间。我记得有一次考试（我相信是康德的课程）照常从下午 2 点开始。在晚饭时间，每个人都还在以最快的速度书写，所以我们先离开了，吃了晚饭，然后又回来了。到了晚上 9 点仍然有人在写测试题，当最后一个人完成之后，他把试题带到了耶勒马家。当然，查阅笔记或书籍，或以其他一些方式作弊的想法并没有像现在一般那么地成为一种合理可行的选择；这会受到普遍的鄙视，认为它既愚蠢又有辱人格。

加尔文学院对于一个认真做哲学的学生来说是一个极好的地方。我已经说过了哈里·耶勒马；但还有亨利·斯托布（Henry Stob），他是我父亲的同龄人，也是耶勒马的学生；斯托布本身就是一位有天赋且富有感染力的哲学教师。耶勒马和斯托布都认为学习哲学史极其重要；而在加尔文学院，我的大量精力也都用在了学习柏拉图、亚里士多德、奥古斯丁、阿奎那、笛卡儿、莱布尼兹和康德上面。他们还强调了外语对于哲学史中相当严谨的工作的重要性。大多数翻译都还只是不充分的。要想了解什么样的命题是一位哲学家在给定的段落之中所意图去主张的通常需要大量的哲学上的洞见和想象——比他的一些译者们所能聚集起的见解还要多。在其它情况下也许没有直接的误译，而是取消了诸选项。有时会有两到三种可能的方式来翻译一段给定的段落，它们与两到三种可能的并且非常不同的哲学断言的解释相关联。意识到这些不同的可能性通常是很重要的——也许你对于作者在某个主题或其他主题上的观点有一些假设，而这些可能的选择中的某一个为你的假设提供了支持。除了用哲学家自己的语言来阅读他以外，通常没有令人满意的替代性选择。

因此，我花费了大量时间学习法语、德语和希腊语（我已经从我父亲那里并在高中时期学了一点拉丁语）。我经常发现自己很难对第 1 年的语言课程保持兴趣，这些课程有无尽的词形列表需要记忆。规则希腊动词有大约 500 种形式，如 "παύω" 和 "λύω"；更糟糕的是，"παύω" 和 "λύω" 似乎是仅有的规则动词，而其余的所有都需要单独处理。我对第 1 年语言课程所要求的纪律感到恼火，对于我不得不花费如此之大比例的大学时间来学习我本可以在 10 岁或 12 岁时更加容易学到的东西这一事实感到愤恨。我经常在通过第一门课程之后取得稍微更好的成绩：例如法语课，我在詹姆斯敦学院的（Jamestown College）第 1 个学期得到了一个 C，在加尔文学院的第 2 个学期得到了 B +，而在哈佛的第 3 个学期，我则获得了 A 的成绩（当然，有些人也许在这里所看到的不过是这三所院校学术水平的反映）。

除用其自己的语言来阅读一位哲学家之外，通常是没有可接受的代替方式的；但当然也有例外。在耶勒马的康德课上，尼古拉斯·沃尔特斯托夫（Nicholas Wloterstorff）和我买了阿代克斯（Adikes）版的《纯粹理性批判》的复印本。康德的德语常常是极其困难的。有大量的长句带着晦涩不清的代词性的指示（以一种典型的 18 世纪的德语风格），动词都堆积在句末。有时，一个句子看起来好像连续写了一页半左右，根本没有动词；然后你会翻页，而这里就会有一大群动词排成一线，满怀期待地等待着被分配到它们适当的从句中。事实上，我们所做的就是阅读德语，同时偷偷地盯着诺曼·坎普·史密斯（Norman Kemp Smith）的译文看，当时这本书刚刚出版（当然，耶勒马本人从不为翻译所困扰。当他想引用一段文本时，他只需视译德语就可以了）。几年后，我欣慰地获悉，德国的学生在学习康德时，更经常地使用史密斯的译文，而不是康德那苦恼难懂的德语。

尽管耶勒马和斯托布对哲学史抱有深切的关注，但他们在哲学史上的兴趣绝不仅仅是历史性的；他们在其他事物中将之视作一种理解当代知识圈子的手段。他们在那个圈子里所看到的并没有让他们满意。耶勒马本人表现出对黑格尔唯心主义的某些倾向，尤其是在他在加尔文学院的最初几年。在他看来主导着美国哲学的实证主义、实用主义和狭隘的分析似乎对他来说是肤浅、错误且愚蠢的。他发现很难想出一个他所认可的研究生哲学系，因此也很难建议将来的学生要去哪里。我记得，他曾一度认为，如果我能去天普大学跟《从康德到黑格尔》（*Von Kant bis Hegel*）一书的作者理查德·克朗纳（Richard Kroner）学习，也许是个好主意。

当时在加尔文学院（现在也一样），精神生活是一件严肃的事情。智识上的无条理没有容身之所，经常席卷学术界的无头脑的潮流也鲜少引起人们的兴趣；缜密和严肃是那时的规则。然而，加尔文学院真正与众不同的，则是它将智识上的严谨同对基督教对学术研究的影响的强烈兴趣结合在一起。去追问和回答学术研究、学术事业一方面与精神生活的关系，以及另一方面与基督教信仰之间的关系问题，是一项严肃而坚决的努力。我们学生经常会面临这样的问题，例如一种独特的基督教哲学将会采取什么形式，是否可以有一部基督教的小说，基督教对于诗歌、艺术、音乐、心理学、历史和科学如何产生影响。真正的基督教文学会与非基督教的有何不同？显然，基督教与心理学和社会学等学科相关；但是它对物理和化学怎样产生影响呢？而数学本身又如何呢，那个理性的坚实堡垒？成为一个基督徒又会对于数学的理论和实践有什么影响呢？有一种普遍的确信认为，基督教确实与包括各种科学在内的整个智识生活有着深刻的关联（尽管在"如何"相关上没有多少一致意见）。这一确信仍然激励着加尔文学院，而且这也是我所享有的一个信念。我认为，严肃的智识工作和宗教忠诚是不可避免地交织在一起的。不存在宗教上中性的智识努力——或者更确切地说，不存在这样的事物，既是严肃的、实质性和相对彻底的智识的努力，同时又在宗教上是中性的。我支持这一主张，尽管并不容易看出怎样去建构它，或者怎样详细地发展和表述它。

当然，哈里·耶勒马和亨利·斯托布对哲学持有相同的观点。他们视哲学史为承诺和效忠（在本性上基本是宗教的）的清晰表达和相互作用的舞台。耶勒马谈到过四种"心灵"——四种看待世界和评估其意义的基本视点或方式，四种基本的曾主导了西方的知识和文化生活的宗教立场。有以柏拉图为最典型代表的古代心灵，然后是中世纪和基督教的心灵，然后是近代心灵，最后并且在他看来当然是最不重要的，是当代心灵，其轮廓和特征虽然还不完全清楚，但基本上是自然主义的。由此，他认为所有的哲学上的努力——至少所有严肃而且有洞察力的哲学——归根结底都是宗教委身的表达。正如我们从耶勒马和斯托布那里学到的那样，这赋予了哲学以一种深刻和严肃的维度。对他们来说，哲学史既不是人类缓慢而无法避免地接近那个现在或多或少地为我们和我们的同时代人所牢牢把握住的真理的记录，当然，也不仅仅是一次关于真理问题还没有严肃地出现的对话；对他们来说，哲学史实际上是一个彼此冲突的宗教观点争夺人类忠诚的舞台。在他们看来，哲学是最重要的时刻；因为它所牵扯到的既是一次为人类灵魂而做的斗争，也是基础宗教观点的基本表达。

耶勒马和斯托布是我在哲学上主要的教授；然而，我也主修心理学，跟我父亲上了大约 6 门那个学科的课程，在课堂内外都从他那里学到了很多东西。我的第三专业是英语文学；我同约翰·蒂默曼（John Timmerman）和亨利·兹尔斯特拉（Henry Zylstra）一起学习，他们都是这门学科的真正能手。当然还有其他学生。柏拉图俱乐部，一个致力于哲学的学生讨论社团，尤其激动人心；它的会谈一直持续到深夜，那是极其热烈的尽管也是毫无纪律的哲学讨论的场景。在加尔文学院我所向他们学习的所有学生中，我想我从杜威·霍伊滕伽（Dewey Hoitenga）、弗兰克·范·哈尔塞马（Frank Van Halsema）和尼古拉斯·沃尔特斯托夫那里学得最多。

在 1953 年的秋天，我遇见了凯瑟琳·德·波尔（Kathleen De Boer）。

她当时还是加尔文学院的大四学生，在华盛顿的林登（Lynden）附近的一个农场长大，那是一个距离普吉特湾（Puget Sound）15 英里的村庄，距离加拿大边境仅有 4 英里。她的家人像我一样，都是荷兰基督教归正宗的移民血统，于本世纪早期来到了华盛顿西北部。我不确定她在我身上看中了什么地方，但我为她的慷慨精神和调皮、精灵般的幽默感所捕获。第二年春天，我们就订婚了，并且在 1955 年的六月结婚。她需要那种幽默感。这些年来，她不得不忍受一种相当游牧式的生活方式以及我的个人特质：在 27 年的婚姻生活之中，我们搬了 18 次家。她还不得不承担起抚养我们的四个孩子的大部分负担，尤其是在他们还小的时候。我说是"负担"，但事实是我们为自己的孩子感到十分高兴：卡尔（Carl），是威斯康星大学（the University of Wisconsin）电影专业的一位研究生，简（Jane），与杰克·波夫（Jack Pauw）结了婚并且是富勒神学院（Fuller Theological Seminary）的学生，威廉·哈里（William Harry），是加尔文学院的大四学生，以及安（Ann），是高中一年级的一位新生。

1954 年夏天，我陪凯瑟琳去了林登。我从未去过北达科他州迈诺特城（Minot）的西边，我第一眼看到这些山脉——怀俄明州的大角山（the Big Horns）、蒙大拿州的落基山脉、华盛顿瀑布——给我以一种来自高处的启示的力量。美丽绝伦、神秘莫测、令人敬畏、又略带危险和恶意威胁的意味——我从来没有见过任何东西可以与它们相比，并因此开始了对山脉的终身热爱。就我而言，林登是一个充满了梦想的东西。贝克山（Mt. Baker），是沿着西海岸边缘的冰川火山峰那条线的最北端，在林登可以看到它的全貌；舒克桑山（Mt. Shuksun），也许是最上镜的与美国相连的山，位于贝克山以东 10 英里处。舒克桑山再往东 20 英里处是北皮克山脉（the Northern Pickets），是一条正如在阿拉斯加以外的美国可以发现的同样壮丽的山脉。进入皮克山脉的唯一途径是经由一条 20 英里长的小道，可能有 10000 英尺的海拔增减。在那些日子里，这条山脉很少有人来参观；在大多数的夏天都没有人涉足北皮克山脉。即使在今天，尽管建造了北喀斯喀特国家公园，但皮克山脉的难以接近保护了它们免受那些横行出现在许多其他荒野地区的大群游客的侵袭。

我与群山的接触始于在喀斯喀特（the Cascades）徒步旅行，以及在它的溪流和湖泊中垂钓。那年夏天，我经常和我妻子的亲戚们去远足和钓鱼，他们中的大多数都是有经验且热情的户外活动者。我和我的新亲戚们的第一次远征是去三角洲湖（Delta Lake），那是一小片非常清澈而寒冷的湖水，居于史蒂文斯山口（Stevens Pass）上方喀斯喀特山脉的高处。当时我年轻、强壮，并且在我看来拥有优秀的身体条件；而其他一些人则要年纪大得多，甚至有点儿大腹便便。把车停在史蒂文斯山口，我们就出发了。在背着一个沉重的包在我背上，于山坡间爬上爬下几个小时之后，我发现自己需要拼命地挣扎着才能跟上我的亲戚。又过了一个小时之后，我是彻底地筋疲力尽了；又走了一英里后，我被一种在我的整个人生中都未曾体验过的碎骨般的疲劳压垮。最后我一步也走不动了。我卸下背包，把它扔到小径对面，坐在了它的旁边，并且很快就睡着了。我的新亲戚们继续走着远路；最终，他们注意到我不在，于是又沿着他们的原路返回来看看我发生了什么事。他们发现我睡得很熟，头枕在背包上。当我醒来时，他们正在拍我的照，并且沉迷于对那些甚至不能在小径上徒步旅行的柔弱的东部学生所做的许多轻佻的评论。虽然这一切都是出于善意的玩笑，但我感到被羞辱了，我下定决心保持良好的状态。那个秋天，我开始慢跑、跑步健身，比70年代的慢跑热潮早了大约15年或20年。

自那以后，山就一直是我生活中重要的一部分。我曾攀登过美国的许多主要山脉，可能主要集中在大提顿山脉（the Grand Tetons）和喀斯喀特山脉。其中我最喜欢的登山路线有贝克山的科尔曼冰川路线（the Coleman Glacier Route）、埃克萨姆路线（the Exum Route）、大提顿的东脊（the East Ridge）和北脊（the North Ridge），以及惠特尼山（Mt. Whitney）上的其中一条东面（East Face）路线。我在欧洲也登过一些山（勃朗峰和马特洪峰是按常规路线爬，在英格兰、威尔士和苏格兰也做过一点攀岩）。在过去的几年里我更多地转向了攀岩，攀岩要比登山花费更少的时间和精力。我最喜欢的攀岩项目包括提顿山脉的盖德悬崖（Guides' Wall）、魔鬼峰（Devil's

Tower）（常规路线）和图森城（Tucson）北部莱蒙山（Mt. Lemmon）上的
布莱克·奎克路线（the Black Quacker Route）。虽然最近我做的攀岩运动比
登山运动要多，但如果我有时间的话，我最喜欢的攀岩运动仍然是登山，
也许会是在北喀斯喀特的皮克山脉。一次理想的攀登将始于为期 1 天的徒步
旅行，前往林线附近的一个偏远营地。第二天的攀登将从凌晨 3 点开始，先
爬到林线，然后接着是几个小时的冰川攀登。最后，将有大约一千英尺的
攀岩，爬到一个裸露的山脊上，会有几个难度适中的坡段在顶峰附近。下
山又将会经由与上山不同的一条路线；还将会有恶劣天气的潜在威胁。

密歇根和耶鲁

1954 年 1 月，我离开了加尔文学院去往密歇根大学（the University of
Michigan）读研究生，在那里我跟随阿尔斯通（William P. Alston）、卡特赖
特（Richard Cartwright）和弗兰克纳（William K. Frankena）学习。第一学
期我参加了一门宗教哲学的课程和一个怀特海哲学的研讨班；两者均由阿
尔斯通讲授，派克（Nelson Pike）是这门课程的一位学生。阿尔斯通细致、
清晰而且用心的课程成为我后来在同一个科目上要去讲授的课程的典范。
然而，研讨班令人困惑和胆怯；即使我尽可能地去尝试了，但我并不怎么
能理解《过程与实在》。我无法对这部作品的主要工作拥有一个清晰的观
点，我还发现怀特海的许多核心主张十分地晦涩难解。其他学生似乎并没
有遭受这种理解上的无能；他们颇有学识地谈论着现实事件（actual
occasions）、摄入（ingression）、合生（concrescence）、上帝的后继本性
（the consequent nature of God）以及其他的一切。而我则开始考虑哲学终究
并非我的专长的可能性。然而，不久之后，结果表明其他的学生也并没有
真正地比我所理解的多多少；他们只是拥有更易于讨论他们发现是晦涩难
懂的东西的能力。我仍然觉得讨论一个我没有相当牢固地掌握的观念是困
难的。这并不是在拐弯抹角地表明我关于清楚明白的标准异常地高；参与
并讨论一个自己并不真正理解的想法的那种能力是很重要的，也是我希望
拥有的。

　　我还从卡特赖特那里上过休谟哲学的课程。卡特赖特冷静、优雅、极为敏锐；但是，他进入哲学史的方式与耶勒马的方式之间的对比是极其令人困惑的。耶勒马的进路很权威；他很轻松地涉足整个西方哲学，经常看起来像是比哲学家本人更清楚、更坚定地知道其头脑中想些什么。卡特赖特的进路则表现出了巨大的反差：他提供了在我看来是透过显微镜的景象，而不是从大提顿山脉的顶峰所看到的宏伟远景。耶勒马会做出发人深省尽管有时令人困惑的评论，将哲学家同他所处时代的内在动力和基本的思维模式联系起来；与之相反，卡特赖特则声称，他甚至不知道休谟哲学中最基础的术语是什么意思，然后他接着非常详细地解释了为什么休谟可能并不是在指 A、B、C 或任何其他你可能会想到的看似相当可信的候选项。虽然我非常尊重卡特赖特和他压倒性的论辩技艺，但我发现他的方法令人不安。这在某种程度上似乎是不负责任的，并没有足够认真地对待被讨论的哲学家，有时还会引起似是而非的困难。后来我开始欣赏卡特赖特方法的力量和主张。他和耶勒马之间的对比点明了进入一门哲学史的课程的真正困难。

　　耶勒马的将所讨论的哲学家与其时代的主导思维模式联系起来，将之与其前辈和后继者们联系起来，追踪其思想中最重要方面的主线的方法——简称山顶法——是重要的、迷人的，且如果做得得当的话，也是发人深省的。然而，它也患有重要的缺陷。首先，这件事经常做得不好。耶勒马可以如其所是地做到，但更多去尝试做的人会失败得很惨。此外，它还会招致对被研究的作者的某种忠诚上的缺乏。也许"缺乏忠诚"并不是一个多么恰当的短语；更确切地说，山顶法几乎不会给人以当被讨论的哲学家开展他的哲学工作时，他实际上"关注"的是什么的感觉。对于那种事业来说，没有什么可以替代对文本的精准细致的逐行分析。而且，了解作者意图的努力是不能正常进行的，如果对于被讨论主题的相当广泛和详细的独立分析缺失了的话。这通常就等同于在该主题上的大量工作；严肃的哲学史不能从严肃的哲学中抽象出来进展。例如，如果没有大量艰深的"哲学的"而非诠释学的工作，一个人就不能理解阿奎那或司各脱关于神的单纯性（divine simplicity）的论述。这同样适用于莱布尼兹关于单子的论述，洛克关于白板的论述或休谟关于心灵力量的论述。当然，这个过程需要时间。对于奥古斯丁论时间或自由的严肃审视并不是可以被塞进半堂课甚至几堂课内的东西。要知道奥古斯丁在这里真正在做什么，学生们必须参与到文本当中去，必须去做上面提到的那种哲学工作；两者都很耗费时间。并且至关重要的是记住，被讨论的哲学家的目的是获得关于事情的真理；在他的事业中跟随他的唯一方法是认真独立地检验他所说的话的真理性。但显然，以这种方式对待大多数主要的中世纪的哲学家也要花上几年的时间。当然，山顶法还是很重要的。我从来没有能够令自己满意地解决这个困难，在我教授的哲学史课程中，事实上我所做的是一个令人不安的妥协。

我还从威廉·弗兰克纳那里学到了很多东西——当时很多，后来也很多。我如此钦佩他对待学生们的耐心、周到且体贴的方式，几乎和对他的分析能力一样钦佩。在弗兰克纳（Bill Frankena）身上曾经有（现在也有）很多特别可值得效仿之处。例如，几年之后，我参加过一次在密歇根湖畔举行的伦理学的研讨会。弗兰克纳是一位成熟且极为杰出的哲学家；他读了一篇典型的清晰而深思的论文。评议人是德沃斯（Peter De Vos），当时是布朗大学的研究生。德沃斯觉察并且敏锐地揭露了一个关键的模糊之处，很好地削弱了论文的主要论点。弗兰克纳没有放烟幕弹蒙混大家，也没有声称他被误解了，或者以其他一些常规的方式继续，而是想了一会儿，然后说："看起来你是完全正确的。目前我不清楚如何解决这个问题，我只能回家再去想想。"我感觉弗兰克纳平静而简单的话语给人留下了深刻的印象，甚至令人感动，在随后的几年里，当我的错误被暴露出来时，我也试图以同样的方式做出反应。

在密歇根，我对各种针对传统的有神论所发起的攻击产生了长久的兴趣——声称有神论与恶的存在不能相容，弗洛伊德主义者声称有神论源于愿望的实现，实证主义者声称关于上帝的讨论实在是毫无意义，布尔特曼主义者则声称对上帝的传统信仰是前科学时代的过时遗俗，诸如此类。我认为，除了第一个以外，所有这些论点如果被视作反对有神论的话，都是彻头彻尾的乞题（question begging）。我对于令人恐惧的意义的可证实性标准（Verifiability Criterion of Meaning）怀有一种特别的厌恶；在我看来，许多论证者对它完全是给予了太多的关注。虽然我当时并没有意识到陈述这一标准有什么巨大的困难，但我也从未看到有丝毫的理由去接受它。实证主义者们似乎把这一标准鼓吹为某种"发现"；我们终于得知，有神论者们几个世纪以来一直在说的那些东西彻底没有意义。我们似乎都曾是一场残酷骗局的受害者——也许是野心勃勃的牧师所为，也许是我们自己那轻信的天性强加给我们的。然而，与此同时，实证主义者们似乎又将这个标准视作一种"定义"——在这种情况下，显然，这要么是以某种方式来使用"有意义"一词的提议，要么是对该词实际如何使用的描述。拿第二种方式来说，意义的可证实性标准明显是大错特错了；不管怎样，我认识的人中也没有一个在讨论中与之一致地使用那个词。第一种方式似乎甚至更不成功。显然，实证主义者们有权以他们选择的任何方式来使用"有意义"一词。但是，他们以一些或另一些方式对这个词所做的使用怎么能够来表明如此重大的事情，以至于所有那些把自己当作上帝信徒的人都是在根本上受到了欺骗？如果我提议用"实证主义者"来表示"彻头彻尾的无赖"，那么实证主义者应该羞愧地低着头？我仍然很难理解实证主义者怎么会认为他们的标准会有任何辩论性的用途。也许，它对于支持一个之前坚定但现在疲弱的经验主义者是有用的；但是，可证实性标准能对那些一开始就不愿意接受它的人提出什么样的要求呢？

虽然我在密歇根的时光是愉快而富有教益的，但我所渴望的东西更多；于我而言，那里的哲学太零碎，离大问题太远。我想念耶勒马讲课所传达出的洞见和启发。我想，密歇根的菜单有点儿琐碎和细小了。因此，我询问弗兰克纳，哪里有在做德国观念论者们的宏大风格的哲学。即时的回答便是"耶鲁"；但他认为我去那里可能会是个错误。尽管如此，我还是申请并且被录取了，然后去了；1955 年 9 月，我出现在了纽黑文。

耶鲁和密歇根之间的对比十分明显。首先，耶鲁的系所要大很多；有多得多的研究生和多得多的教授。其次，耶鲁的哲学系展现出了纷繁的多样性：有观念论者、实用主义者、现象学家、存在主义者、怀特海主义者、哲学史家、象征性的实证主义者，以及人们只能将之描述为过往知识界的观察者的人。在耶鲁的第一年，我修习了保罗·韦斯（Paul Weiss）和布兰德·布兰沙德（Brand Blanshard）的课，以及弗雷德里克·菲奇（Frederick Fitch）那扎实的模态逻辑课程。布兰沙德的课程令人愉快、内容丰富，而且在我看来，布兰沙德本人始终是一个智识正直的典范。在韦斯的课上，我们参与了他当时正在写的一本书的手稿的工作；韦斯会为自己辩解，并试图解释他所写的东西。韦斯是一个很有风度和人格力量的人。我非常钦佩他智识上的活力、批判的精明和辩证的机敏。我更加钦佩的是，他拒绝向哲学的一时潮流和风尚折腰；在实证主义反对形而上学的敌意达到全盛的时期，还有谁会有这样的"胆量"来创办一个名为《形而上学评论》（*The Review of Metaphysics*）的期刊？在他的课上，我似乎经常会处于看到一些深刻而有价值的东西的边缘——例如，一种看待因果性的全新的、更好的方式，或者一种对于为何实体观念会呈现出如此持久的困惑的理解。课后我会回到家里思考，试着写下我所学到的东西。可悲的是，我从未想出来过要写些什么。当韦斯在场时确有一种启发的感觉，但我永远都无法令自己满意地说出我所被启发"到"的是什么。它是一种宏大风格的形而上学，好吧，我在这上面研究得越多，从中发现的东西就越少。我看不出这些讨论是从哪里开始的，也看不出它们是如何从那里开始再走到结束的。没有任何可以辨析的论争；也没有任何源头性的问题或疑团可以让我认作这一系列反思的起点；只有这些令人费解的命题。在大约一年半的时间里，我被困在了努力理解韦斯作品的项目上。最后我放弃了。

总的来说，我发现耶鲁远不像我所希望的那样令我喜欢。我所主要抱怨的是几乎没有任何机会学习如何去做哲学家应做的事情。例如，布兰沙德关于形而上学和知识论的研讨会是文雅有礼的模范，在某种程度上也是清晰性的模范。但它们覆盖了太多的领域，并且在太高的抽象层次上进行。例如，形而上学的研讨会将其 13 次会议中的每一次都专门用于讨论一个不一样的形而上学疑难或话题——因果性、实体、心灵的本性、身心问题、上帝、空间与时间、宇宙问题，诸如此类。然后，每次特定的会议都会探讨当天问题的主要替代方案：例如，关于共相，会有柏拉图的极端实在论、亚里士多德的温和实在论、康德的概念论、对唯名论的一些批评，最后是观念论者的涉及具体共相（concrete universals）的回答，以及布兰沙德自己偏向的解决方案。正如你所见，并没有足够的时间来对这些多样的立场获得真正的理解。没有时间真正深入且详细地考虑论证；这里只是在提及论点，而不是对其进行详尽仔细的审查。更糟的是，没有时间来把基本的看法弄清楚，或者说我们没有能力来把它们弄清楚。例如，什么是具体共相？我们如何在具体和抽象之间做出真正可行的区分？考虑到研讨会的范围限制，几乎不会给这些问题剩出时间。

在耶鲁的问题是，似乎没有人准备向一个新手哲学家展示如何着手处理这些课题——该"做"什么，如何思考一个问题到某种效度。从根本上说，这是普遍的高水平酿的祸。从普遍性的崇高之处到特殊性的水平之间的下降太少了，而最重要的哲学工作正是在个性的水平之处发生。

当时耶鲁的哲学还有一个更加令人烦扰不安的特点。当然，我赞同对哲学史的强调，同样赞同对实证主义及其否认哲学的传统关切的蔑视。但在耶鲁，还有另外一件事几乎同样糟糕。如果有人提出一个哲学问题（课内或者课外，但尤其是课外），经典的回应将是这个世界已经见证过的各种不同答案的系列总汇：有亚里士多德的答案、存在主义的答案、笛卡儿的答案、海德格尔的答案等等；也许还会有一个关于大乘佛教对于这件事的看法的附录。但我认为最重要的问题——即，关于这个事物的真理是什么——常常遭到被鄙视为过分幼稚的冷待。被提出的各种答案更少被当作触及真理的严肃尝试来对待，而更多地被视为有趣的智力花絮——美化了的混合物的交谈。这种态度助长了人们对于仅仅是离奇事物的相当大的兴趣——例如，阿奎那的观点，即当精液被一阵东风"削弱"时，怀的孩子就会是个女性，或者亚里士多德的想法，即大脑本质上是一种冷却剂，用以抵消心脏产生的热量。

虽然实证主义者对哲学的否定遭到了拒绝，但这种带有讽刺和疏远意味的态度是非常地显而易见的。尽管它更为微妙，但它与实证主义者更为率直的声明一样，也是对哲学的否定。当然，传统的大哲学家们并不是在试图说一些好玩的、引起争端的或挑逗性的话；他们在试图道出严肃的形而上学真理。没有什么可以比放弃或遗忘真理的中心问题更不令他们担心了，他们会倾向于，例如说，广博地学习关于他们问题的可能答案的知识。这种态度，我赶紧补充道，更多的是学生的特点，而不像是教师的特点。也许这在一定程度上是由耶鲁随处可见的方法上的巨大差异性促成的。而且当然，几乎所有的学生都不认可我们所说的这种态度。特别是，我必须提到查尔斯·兰德斯曼（Charles Landesman）。我从他身上学到的东西和从任何一位教员身上学到的一样多；我非常欣赏他对耶鲁哲学的冷静、温和与怀疑的态度。

1957 年的秋天，我开始在耶鲁的指导研究（Directed Studies）项目中教书。他们是一群异常聪明的学生，组成了一些小班级；我的任务就是教他们大量的形而上学史与知识论史的内容。这是我第一次教书——我不曾有过助教职位，甚至也没有给一篇论文打过分——这是一次悲惨的经历。我花费了那个夏天的大部分时间来为我秋天的课做准备；当九月来临时，我大概有了四五十页的笔记。我在第一次课上就非常紧张，这些即将入学的新生们的那种预科生般的、老于世故的、近乎厌世的态度也并没有减轻我的不安情绪。在我那 50 页的材料的加持之下，我开进了这门课程，或许是冲进了这门课程。第二天结束时，我惊恐地发现，我已经讲过了一半的材料；到第一周结束时，我已经挥霍完了整个夏天的那一大堆。这个学期在我眼前被拉长了，荒凉、可怕，几乎没有尽头。正是在那时，我才发现了苏格拉底教育方法的价值。

然而，对我来说，那一年发生的最具决定性和重要性的事情却在于一个完全不同的方向上。有一天，我突然接到一通电话，是一个听起来有点儿狂的自称为"乔治·纳赫尼基安（George Nakhnikian）"的东欧人。他说他想要雇用我；他想让我去底特律，在韦恩州立大学（Wayne State

University）教书。我在耶鲁已经有了一份工作，有着尚好的长久发展前景；而且，我几乎没有听说过韦恩州立（对我来说，它与某个叫"疯狂的安东尼·韦恩"的人有着模糊的联系）；我的妻子和我也都对于住在底特律没有浓厚的兴趣。另一方面，我发现耶鲁的哲学越来越令人沮丧，我亦准备向宏大风格的形而上学道别，至少在耶鲁是这样的。这个野蛮的亚美尼亚人不停地打来电话，关心地询问我父母以及我那患有麻疹的儿子卡尔的健康状况，并敦促我去见他，在他的院系进行面谈。最终我还是照做了，尽管我依然没有真正想过离开耶鲁，或者想如果我这样做了，我就真的去韦恩。但在面谈结束之后，纳赫尼基安一直以一种激烈的频率打来电话，表达他对荷兰加尔文主义的极其景仰以及对我、我的家人和邻近任何人的福祉的极为关切。最后，我向这逃避不开的事情屈服了，同意离开耶鲁前往韦恩。这是我曾做过的最好的决定之一。

韦恩岁月

从哲学的观点来看，50 年代末 60 年代初在韦恩度过的那些久远的美好时光，或许是发生在我身上的最好的事情。我是在 1958 年的秋天来到韦恩的，斯雷（Robert C. Sleigh）同样也是，当时的他看起来就像一个瘦骨嶙峋的留着平头的大二学生。已经在那里就职的人有纳赫尼基安、海克特·卡斯塔内达（Hector Castaňeda）、埃德蒙德·盖梯尔（Edmund Gettier）、约翰·柯林森（John Collinson）和雷蒙德·霍克斯特拉（Raymond Hoekstra），霍克斯特拉毕业于加尔文学院，曾是哈里·耶勒马的学生。卡斯塔内达和盖梯尔是前一年来的；纳赫尼基安在那里的时间长一些，而霍克斯特拉和柯林森在那里的时间则要更长。我将接替威廉·特拉普（William Trapp），另一位加尔文学院的毕业生，他在前一年退休。纳赫尼基安决定重建哲学系并且改变方向。这根本不是霍克斯特拉和柯林森的内心想法；很快柯林森就离开了，而霍克斯特拉继续干着，但是他与系里其他人也几乎没什么关系。所以，纳赫尼基安、卡斯塔内达和盖梯尔是老手；斯雷和我是新来的；几年以后，理查德·卡特赖特和基思·莱勒（Keith Lehrer）加入了我们的行列。

在那些日子里，韦恩哲学系与其说是一个哲学系，不如说是一个组织松散但讨论极其激烈的社团。我们不断地讨论着哲学，偶尔花点时间给我们的班级上课。这些讨论就是一种移动的宴会；他们通常会从上午9点左右开始，在充当我们总部和办公区域的老房子里进行。大概10点钟的时候，讨论就会转移到街对面的咖啡店，在那里将要消耗不计其数的餐巾纸来代替黑板。讨论会一直在这里持续到午饭时间前后，那时再移回某个人的办公室。当然，有些人会在讨论间进进出出；毕竟，还是有课要教（人们对于教学的普遍态度似乎是它兴许很重要，但它确确实实会很容易拆散你的一天）。给我留下最深刻印象的是，我的新同事们似乎有一种"做"哲学的方式。"围绕着"哲学的讨论并非那么多——各路哲学家或哲学传统都说了些什么——实际上更多的是去尝试把事情想清楚。盖梯尔来自康奈尔大学，一开始是维特根斯坦式那一套的坚决捍卫者；斯雷曾在布朗大学跟随罗德里克·奇泽姆（Roderick Chisholm）学习，倾向于以奇泽姆的方式看事情；而卡斯塔内达则对威尔弗雷德·塞拉斯（Wilfrid Sellars）的工作深表赞同，他曾在明尼苏达跟他学习。我在韦恩的前两三年就沉湎于争论这些方法之间的差异，讨论的主要话题也与这三位哲学家之间有所分歧的原则领域有关。

其中一个最为重要和持久的话题是维特根斯坦的私人语言论证。关于这个论证"是"什么，它的结论是什么，前提是什么，以及它是否有前提，展开了激烈的争论。在最初几年里，盖梯尔一直都在为这一论证辩护，并且不断推出愈发错综复杂的版本。在盖梯尔最新的努力之后，卡斯塔内达通常会说一些话类似于"哦，埃德，并不完全清晰"，然后继续给出四五个非常复杂的理由来说明为什么它不完全清晰。私人语言的讨论至少持续了好几年；最终我们一致认为，或者这里面根本没有任何实质性的论证，或者如果有的话，那它就是被非同寻常地很好地掩盖起来了。

第二个核心关注点，与第一个密切相关，是模态的概念在哲学工作中的应用。我发现这特别具有启发意义。虽然我曾经从弗雷德里克·菲奇那里修过一门极好的模态逻辑课程，但我从未将之应用到哲学论证和分析当中，部分原因在于耶鲁哲学的普遍水平：在那个水平上，常常容易忽视模态的区别。但是在韦恩（最初尤其是盖梯尔）那里就有很多关于命题的模态行为（modal behavior）的讨论。我们开始仔细地注意哲学论证的模态结构；我们为路易斯的 S_4 和 S_5 的特征公理（characteristic axioms）大伤脑筋（我记得白白地花了好几个下午试图从基本上是冯·赖特 M 系统的那些公理中推导出它们）；我们对于本质属性（essential properties）感到疑惑，想知道量化和模态性（modality）之间的联系。大约在那个时候，罗伯特·斯雷在《心智》（*Mind*）的一篇文章中指出了一个谬误。作者明显是把以"必然地，A 或 B 为真，并且非 A"为形式的命题当作了前设；他得出结论称，不仅仅 B 是真的，而且它必然为真。当然，这是一个明显且基本的谬误；但是我们很快发现"斯雷谬误"及其近亲到处都是。有一段时间，我还对我所遇到的斯雷谬误的事例进行了记录；单单这一个问题在《心智》中有时就会出产四五次。事实是，我认为，这种谬误（也许以"必然地，如果 A 那么 B；A 为真；所以 B 必然为真"的形式）在哲学思考中发挥了很大的作用，例如在决定论以及神圣预知与人类自由之间的联系的主题上。这仍然是一个非常常见的谬误，只有善良的意志才能阻止我列出一长串的例子。

我们天真地以为斯雷是这个谬误的发现者。然而，后来我发现摩尔（G. E. Moore）也曾意识到它在哲学思考中的应用；在其一篇《内部与外部关系》（"Internal and External Relations"）文中，他声称这种推理形式构成了观念论者为他们的内部关系学说所提出的许多论证的基础。然后，他大肆争辩说，这个谬误确实是大错特错了；以典型的摩尔式的风格，他继续写了好几页一再地指出：必然地，如果 A 那么 B，所以，如果 A 为真，那么 B 必然为真。

斯雷谬误的另一种形式，并不是真正哲学的道路。我们有点惊讶地发现，摩尔知道斯雷谬误（尽管他当然不知道它的这个名字）；后来我发现，对于每一个 13 世纪的哲学研究生来说，对斯雷谬误的意识都是习以为常了的。中世纪将上述论证形式的前提与结论之间的差异称为"结果的必然性"

（the necessity of the consequence）和"后件的必然性"（the necessity of the consequent）之间的区别；这只是他们关于模态性的广泛知识储备的一个例子。足够具有灾难性的是，在文艺复兴时期和早期现代对"经院哲学"的排斥之中，这方面的大部分知识都丢失了。直到大概过去几十年，其中的一些才再次成为哲学团体普遍学识的一部分。我认为，关于这些模态问题的应用知识对清晰地思考大多数哲学主题而言显然是绝对必要的；几乎所有的哲学主题，如果推得足够远的话，最终都会尤为关键地涉及模态性的问题。没有那么明显但同等正确的是，神学也是如此；一定量的模态逻辑知识，以及随之而来的学问和区别，对于神学的许多主要话题上的正式工作至关重要。在这里，我们的同时代人几乎没有在任何地方能够赶得上中世纪的祖先。当然，我们需要的不是模态逻辑学家们现在实际所从事的技术性知识。例如，神学家们不需要知道，哪些量词模态逻辑系统相对于哪些看似合理的语义学来说是完备的（事实上，我认为完备性证明的哲学意义最近被相当地夸大了）。所需要的反而是对基本的模态观念的理解：从言的必然性和从物的必然性。

在老韦恩哲学系的那些日子里，我们逐渐意识到缜密性在哲学思考中的价值，以及清晰性和洞察力的极其重要。我们开始厌恶马马虎虎的思想，我们无情地、长篇大论地批评彼此的工作。所有的东西都必须写下来——写在黑板上、餐巾上、桌布上，或者任何手头边的东西上——然后仔细检查。有一段时间，首选的哲学方式是像柯匹（Copi）的《符号逻辑》（*Symbolic Logic*）那样给出所有的论证，每个步骤都给出论证形式或其他辩护理由，写在右边。1962 年，卡斯塔内达组织了一次心灵哲学的会议；到访的名人有奇泽姆、塞拉斯、艾耶尔（Ayer）、普特南（Putnam），还有其他人。斯雷在黑板（小型便携式的那种）上写下了一个详细的论证，开始评论奇泽姆的论文，仔细地向集会的人群解释每一步是如何接在前一项之后的。在他的论证临近尾声时，他已经写到接近黑板第二面的底部，写得越来越小；但由于每一行的大小都只有前一行的一半，看起来像是有大量的空间来容纳他所想写的任意多行的。他写下了最后一行，但似乎对它的恰当辩护感到困惑。当他站在那里挠头时，紧张感加剧了；我们都在期待着那一行——我相信它——接下来是一些非常深奥的东西——也许是三段论公理，或者某种末世论的情态。最后他说出了一句：肯定前件式！

像其他哲学系一样，我们也有着相当数量的来客。我们通常会提前征求论文；所以在我们的客人到达之前一周左右，他的论文就会出现。文章将成为激烈并且集中的讨论和分析的对象；我们会以执着的不懈努力来探索每一个可能的反对意见（此外还有更多）。反对意见将会以柯匹式的逻辑被给定形式：在第 17 页，某某人说了 p；在第 24 页，他又说了 q；从 p 和 q 开始，接着是存在量词实例化（existential instantiation）、假言三段论、输出（exportation）、全称量词一般化（universal gcneralization），然后模态化出 r；但是（通过三或四种其他的论证形式）r 与 s 不相容，而 s 出现在论文的第 9 页。当来访者毫无防备地到达时，他的论文已经被拆分了好几次，被拆分成了好几块不同的部分。在来客读完他的论文后，攻击就会开始——也许是卡特赖特，他会以一种貌似温和的语调开始，暗示论文中有一些他并不完全理解的东西。他所不理解的通常是相当复杂的事情；也许他能看到的使第 14 页的论证有效的唯一一方法是添加一个特定的原则 P，当原则 P 与第 15 页的某个东西结合时，就会产生一个与，比方说，逆巴肯公式（converse Barcan formula）不相容的命题。通常的结果是，作者从来没有那么多地考虑过原则 P，并且对于逆巴肯公式也很少或者没有兴趣。片刻之后讨论可能就转向其他的点了，但是随后其他人，比如说，卡斯塔内达，会回到原来的话题，继续从一个稍微不同的角度发起进攻。

这种流程有时会使一部分受害者感到惊愕和沮丧；人们通常不会期待他的听众花上一周左右的时间来在反驳上进行聚焦且集体的努力。但这种方法偶尔也会适得其反。亨利·凯伯格（Henry Kyburg）有一次曾寄来一份关于概率的论文的试行本，这篇论文内容极其密集，推理极其严密，而我们大多数人对概率这个对象几乎是一无所知。我们特别努力地阅读了凯伯格的论文，读了卡尔纳普（Carnap）、赖欣巴哈（Reichenbach）和其他人的作品，最终，经过大量的努力，我们发现了论文中的一些不连贯之处。在一定的时间，凯伯格本人到了。他在论文陈述开始时说了类似于这样的话："我要提醒你们，我的论证行列中有一个尚未解决的不连贯之处。我正在研究它，并且也有一些提议，但还没有完全把它弄清楚。"然后，他对我们费尽周折才发现的那个困难做了一个娴熟的描述，除此之外还添加了几个其他的问题。我们当场就给他提供了一份工作，后来（我离开后）他加入了韦恩哲学系。同年，尼古拉斯·雷舍尔（Nicholas Rescher）寄来了一份论文，论文受到了通常的对待，效果不佳。在雷舍尔到了，读了他的论文，并且听到批评之后，他想了一会儿，然后说："嗯，看起来你们这些家伙并不喜欢这篇论文。我这里刚好有另一篇，也许你们会更喜欢'它'。"于是，他把手伸进夹克里面的口袋，掏出来另一篇论文，继续朗读。当然，这一次没有经受密齿梳般的程序，进展要好得多。

然而，在老韦恩系的生活也并不全是严肃的哲学和高级的智识事业。还有相当多的奇思异想的部分，其中的许多似乎都是，不知何故，围绕着卡斯塔内达。系里的会议展示出一种亲切友好的无政府状态的趋势。而主席乔治·纳赫尼基安自己在做出关于系里的决定上也相信贵格会的那一套达成共识的方法。他认为，这将把团队纠纷的可能性降到最低程度。当然，这样并非总能得到共识；所以，当经过了大量的讨论，已经没有任何肉眼可见的明显出路时，乔治就会简单地宣布"嗯，共识似乎也就如此。"这将会激发海克特对于共识的本性和逻辑属性进行大量的专题研究。有时卡斯塔内达的奇思妙想也展露出真正极高的程度。我记得在一次系里的会议上，我们正在考虑向某人——我想是尼古拉斯·雷舍尔——提供一份工作。雷舍尔告诉大家，如果低于 9000 美元，他就不会认真地考虑这份邀请，而那比我们任何一个的收入都要高出许多。经过一番讨论，乔治表示，大家所达成的共识是雷舍尔的漫天要价已经让他自己失去了市场——不管怎样，这是"我们"的市场；因此，我们开始思考其他可能的候选人。卡斯塔内达借此机会建议我们向当时哈佛的校长内森·普西（Nathan Pusey）提出邀请。盖梯尔说了一些类似于"得了吧，海克特，严肃点儿"的话，随之海克特就变得"非常"严肃，以雄辩的口才和相当长的篇幅论证了雇用普西的理由。他指出，普西懂一些哲学，甚至还曾在威斯康星州阿普尔顿城（Appleton）的劳伦斯大学（Lawrence University）教过这门科目；我们从来没有听到过任何意指他工作做得不好的传闻。此外，他的任命将会给我们系带来一些"全国知名度"，这显然是一种供不应求的商品。海克特说，普西也表现出了一定的行政才能，因此可以指望他来分担系所委员会的工作，也许甚至还可以减轻乔治主席职务的部分重负；他作为哈佛校长的经历将会对他与韦恩的管理层打交道很有帮助。系里的部分其他人有几次半心半意的规劝，但这些只会促使海克特更上一层楼。直到其他人都陷入了一种震惊的沉默之后，他才平静下来。

教书，在老韦恩哲学系，也有它稀奇古怪的部分。斯雷有一次教授哲学入门课程，一整个学期都专用在了阿奎那《神学大全》中关于上帝存在的第一个证明上面。不知怎的，当时斯雷感兴趣的大多数话题都是相关的——集合论、模态逻辑、卡尔纳普的概率理论以及另外其他许多东西。盖梯尔作为一名逻辑学教师获得了相当大的声誉，尽管他在研究生院很少或者没有学过逻辑学。有一个学期，他的助教——一位数学专业的研究生——帮他准备了一次考试。考试涉及了柯匹式的自然演绎的问题。学生们参加了考试，助手给打了分，然后盖梯尔还了回去——但他忽略了自己做题。有人问到想看第一个题是怎么解答的，所以盖梯尔大步走向黑板，开始不停地努力做。长话短说，直到铃声响起，标志着这一课时的结束时，他还没能解决这个问题。就在这时，一个学生举手说道："盖梯尔教授，当你连甚至一个题都没做出来的时候，你认为期望我们在一个小时之内做这些其中的 5 个题公平吗？""当然"，盖梯尔说，然后从门口逃走了。

在许多方面，老韦恩系背后的推动力量是乔治·纳赫尼基安。他在集合出这个系上展示了卓越的判断和难以置信的精力。他称呼我们为"我的弟兄们"，他对于我们极其忠实，做了一切人力所能的事来为我们提供发展和学习的各种条件。我依然非常感谢在韦恩的那些日子，并且依然对那个早些年的团队成员怀有最深切的敬意。正是从他们那里，在他们的陪伴之下，我才学会了应该如何走进哲学；也正是在他们的陪伴下，我才明白了这个科目中真正的清晰和严谨的重要性，以及一些如何达到这些目标的方式。那时候我们做得最好的是哲学批评。寻找反例，驳斥论证，察觉未被承认的假设，发现歧义——这些都是我们的惯用手段。盖梯尔那篇两页长的文章《得到辩护的真信念就是知识吗？》（"Is Justified True Belief Knowledge?"）是被称作盖梯尔问题（Gettier problem）的经典篇目，激起了一大批涌来的回应；事实上，在当代的哲学文章之中，相比于其他哲学家在此之上所写的长度与页数而言，它可能的确是独一无二的。然而，当盖梯尔第一次提出它时，似乎并没有特别震撼；这只是盖梯尔和其他人所源源不断地提出的异常敏锐的哲学批评中的又一项而已。当然，哲学不仅仅是反例和批评，也许是我们对于采取了无论证的哲学立场的蔑视揭示了我们自己身上的一种未加批判的基础主义。但是，探索和有力的批评，高水平的清晰性，严谨性和论证的说服力——这些构成了高级哲学事业的必要条件，也是朝着这一目标迈出的极好的第一步。这些在老韦恩系那里都是非常富足的，除此之外还伴随着无限的热情，强大的哲学活力，以及相互的尊重和喜爱。50 和 60 年代的底特律看起来不太可能成为哲学卓越辉煌的舞台；但是它确实是。我很高兴能有机会参加那次简短但令人耀眼非凡的展演。

我还必须提到最后一点受益之处，这我也要归功于老韦恩哲学系。卡特赖特和斯雷都曾做过布朗大学的罗德里克·奇泽姆的学生；有一段时间，韦恩和布朗的系所举办过一系列的主客场活动，我们阅读论文，互相评论对方的作品。正是在那时，我开始研究奇泽姆的工作成果；我认为过去这些年来，没有其他当代哲学家可以像他那样让我学到了那么多。奇泽姆的清晰、洞察、耐心和足智毫无疑问是受到了广泛赞赏的；我想，在一些主题上，他的作品是当代哲学所提供得最优秀的。但也许他最令人印象深刻的品质之一是他卓越的成长能力和批评中的学习能力。尽管他不想被发现犯有错误的愿望至少是和任何人一样正常的，但他例行地寻求并欢迎对其观点的批评、异议和反驳。在上面所提到过的心灵哲学会议上，奇泽姆读了一篇关于意向性的标志的论文，这篇论文是典型的清晰且精巧。然后，斯雷读了一篇极具穿透力的评论，他在评论中证明，奇泽姆的提议确实是不足够的。奇泽姆站起来回答说："我看到，啊，斯雷教授，嗯，证明了我的论文至少有一个哲学上的优点：它是'可证伪的'。"几天之后，他就有了一个改进了的代替品。奇泽姆的这种品质令人印象深刻，也是他不断成长的能力的根源之一。

加尔文学院

1963 年，70 岁的哈里·耶勒马从加尔文学院哲学系退休，之后继续在大峡谷州立学院（Grand Valley State College）教了大约 12 年的哲学。我被邀请去代替他。我很荣幸能被邀请去做他的后继者，但在我接替像他那样高的位置时却也感到胆怯；经历了相当大的痛苦之后，我决定离开韦恩前往加尔文学院。我的许多非加尔文学院的朋友都认为很难将之视作一个理性的决定。韦恩有一个很棒的哲学系；我也发觉它在极高程度上有教育性、激动人心；我非常喜欢这个系以及我在系里的位置，而且为了留在那里，我还已经拒绝了几个具有吸引力的供职邀请；那么，为什么我现在却打算离开它去往密歇根西部的一所小学院呢？然而，事实上，在我看来，这个决定特别明智。我从小就是一个热情的基督徒，自大学时代起就是一名热情的归正宗基督教徒。我认同加尔文主义者的观点，即学术和教育都不是宗教中立的；因此，我相信有基督教的学院和大学是很重要的。我想为这项事业做出贡献，加尔文学院似乎就是一个绝佳之地。而且，加尔文学院是属于归正宗基督教会的学院，我则是该教会的忠实信徒，尽管有时不赞同；所以也存在着工作上对教会忠诚的因素。也许最为重要的是，我认为一般而言的学术，特别是哲学，在很大程度上是一种集体的事业：有前景的见解、有趣的联系、细微的困难——这些在一群志同道合的人身上比在孤单的思想家身上来得更容易、更迅速。我最想研究的主题是我在大学期间初次触及的：基督教信仰与哲学（以及其他学科）之间的联系，以及如何在哲学上最好地成为一位基督徒的问题。加尔文学院是我知道的从事这些问题研究的最佳地点；据我所知，不存在其他的地方，这些问题是作为人们兴趣的聚焦中心而出现的，也不存在其他地方，这些问题是以同样坚持不懈的执着被探求的。因此我去了加尔文学院。

除了偶尔的休假，我过去的 19 年都待在那里。当我到的时候，哲学系的其他成员有突尼斯·普林斯（Tunis Prins）、埃文·朗纳（Evan Runner）、克利夫顿·奥莱贝克（Clifton Orlebeke）和尼古拉斯·沃尔特斯托夫；第二年，彼得·德沃斯加入了我们。在我留在那里期间，这个系已经从原来的小群体发展到现今的 10 人组。我在加尔文学院发现的最宝贵的是两件事。首先，在哲学系里，恰好有那种我所希望找到的基督教学术上的共同努力。这种团体性一部分地是通过与同事日常接触的方式显现出来的：然而，我们周二的座谈会则更为重要。这些活动始于 1964 年，在过去的 18 年中，几乎每个周二我们都会聚在一起讨论和批评彼此的工作。我记得，第一年，我们在我的《上帝与他心》上下工夫；接下来是沃尔特斯托夫的《论共性》（*Universals*）。最初的座谈会成员是沃尔特斯托夫、奥莱贝克、德沃斯和我自己；埃文·朗纳没有参加，而当时已 50 多岁的突尼斯·普林斯参加了一些初期的会议，但很快发现我们其他人，差不多年轻的一代，有点儿过于认真。例如，在一次会话中，我概述了意义的可证实性标准的几个版本——也许是 VC_1 到 VC_7，并指出每一个要么是如此的狭窄，以至于会将实证主义者们自己认为完全有意义的许多东西视作无意义的排除出去，要么是如此的宽泛，以至于任何事物都排除不了——甚至排除不了海德格尔那神谕天书般的声称，即非无着本身。普林斯有点不耐烦地听着技术细节。最后他转向我说，你想把基督教和哲学整合起来，对吗？好吧，这就是你做它的方法。在过了一遍所有这些版本的可证实性标准后，你对你班上的学生讲，所以，正如《诗篇》14 章 1 至 3 节所说，"并没有行善的，连一个也没有"。

也许我们的确"是"过于认真了。不管怎样，我们的讨论通常是艰苦且严谨的，有时非常缓慢；比如说，我们在一篇 15 页的文章上常常就要花费 5 次两小时长的讨论。有大量的思维运作和时间都被浪费了；但总的来看，其结果是非常宝贵的。在过去的 15 年里，加尔文学院哲学家们的大多数出版物都接受了这种严密的共同检查；我认为，每一篇目都呈现得比没有去这样做要强许多。这些年来，十分具有洞察力和帮助性的座谈会成员分别是德沃斯、沃尔特斯托夫、戴尔·雷切（Del Ratzsch）和现任加尔文学院哲学系主任肯尼斯·科尼迪克（Kenneth Konyndyk）。而这些年来，我想我从沃尔特斯托夫那里学到了最多。我们的友谊可以追溯到 50 年代早期我们在加尔文学院读本科的时候；当我在 1963 年作为一名教职成员来到加尔文学院时，他已经在那里了，已经在耶鲁任教几年之后搬到了加尔文学院。他和我经常定期讨论哲学——在我们的周二集会之中，也在周二的集会之外——在 1979 到 1980 年，他和我，以及乔治·马罗德斯（George Mavrodes）、威廉·阿尔斯通、大卫·霍尔沃达（David Holwerda）、乔治·马斯登（George Marsden）、罗纳德·芬斯特拉（Ronald Feenstra）和迈克尔·哈肯伯格（Michael Hakkenberg）都是加尔文基督教学术中心（Calvin Center for Christian Scholarship）的研究员。和从前一样，我当时对沃尔特斯托夫丰富的思维和想象，以及他在掌握一个全新且困难的话题时的轻松和迅速印象深刻。我的许多作品都印刻着他的影响。尤其是，他经常针对我所轻率地倾向于采取的立场和我所过快地倾向于做出的解释点出值得关注的替代方案。

在加尔文学院——也许正如在任何一所中等规模的学院一样——学术生活的第二个特点是有机会结交其他学科的朋友。如果你有一个问题——关于超光子，或者早期密歇根西部的定居者，或者如果希特勒的父亲让他那尴尬未婚的母亲搞得流产了，而希特勒本人从未出生的话，德国历史的进程会是什么样子——你总能知道一些人可以去问。在大约过去 5 年的时间里，科尼迪克和我相当经常地与数学系的托马斯·贾格尔（Thomas Jager）和保罗·J. 茨威尔（Paul J. Zwier）见面，研究和讨论逻辑学。在写完《上帝与他心》之后，我想要探索这样一种提议，即对于我们每个人来说，其他人存在的想法其实是，或者贴切地讲，类似于一种科学上的假设。为此，似乎我应该尝试去学习至少是一些关于典范性的科学理论的东西才像话。我选择了物理学，特别是相对论和量子力学。由于我在大学里很少学习数学，我有大量的东西要学。我想在这门学科上掌握和大学的专业学生几乎一样多的数学知识；因此，我向保罗·茨威尔说明了我对数学的了解如何，并询问他主修课程的什么地方是适合我的定位。"在起点之前的某个地方"，如此传来了幸灾乐祸的回答。所以我重新学了代数和解析几何，开始去上为期两年的微积分和微分方程的系列课程；之后，我学了一些线性代数和近世代数，并且上了茨威尔的复分析的课。与此同时我还参加了物理学的课程：第一年是大学物理，然后是力学，最后是现代物理学。数学进行得很顺利，物理学中的许多内容也不错。而量子力学，则反过来，对我来说仍然是个谜；我从未能够真正理解这个学科。后来我遇到过几位杰出的物理学家，他们说"他们"也并不能真的弄懂量子力学，因此这又令我感到稍微振奋了些。

也许这些年来，我最快乐的交往就是同我的朋友保罗·茨威尔在一起。我们进行过成百数千次的商讨和辩论——其许多，我遗憾地说，完全是轻浮的——在数学、物理、哲学和神学的话题上。这些讨论曾经发生在篮球运动时、山坡上、船上、慢跑时，以及更传统的讨论地点。我从他那里学到了很多关于集合论、概率论、量子力学中的数学、四色问题、希尔伯特纲领（Hilbert's program）、数学史以及许多其他此类。而能够在网球比赛中彻底地胜过他一直是一件特别好的乐事。

现在，在这本知识分子自传的第 1 稿和第 2 稿之间，我自己又承诺要离开加尔文学院前往圣母大学。如果要说有什么不同的话，这在我的朋友中甚至引起了比近 20 年前我离开韦恩去加尔文学院的决定更大的惊讶。但其原因是再一次地直接易见的。首先，我认为我最成功的教学是在研究生层面（我惭愧地承认这一点；对于教师的真正测验是教好第一门课的能力，这是一个我不能宣称已经通过的测验）。加尔文学院没有研究生，尽管我留在那里期间曾在各种其他机构教过研究生的研讨班。在圣母大学，我的大多数学生都将是研究生。第二，也是更为重要的一点，在圣母大学，相当矛盾的是，有着大量或正统或保守的基督新教的哲学研究生集中在那里——这在美国范围内是最高程度上的集中，就我所知，也是世界范围内最高的集中。我待在加尔文学院的那 19 年里，也许我最核心关注的问题是如何在哲学上最好地成为一位基督徒；在那段时间里，我的同事们和我至少已经学到了一些关于这个话题上的东西。我希望能够把我们已经学到的一些东西传递给圣母大学的学生。第三，我很渴望参与建立一个既是一流的又是基督教的哲学研究生系所。我觉得离开加尔文学院之后的前景令人不安，事实上，这真的很痛苦。而与此同时，我又怀揣着兴奋和热情期望着圣母大学。

（邵庚雨　尹哲　译）

附录二
堕落前预定论或者因罪得福

　　加尔文主义中有一条教义是堕落前预定论（supralapsarianism），一种关于上帝法令次序的主张。上帝已经下令允许人类堕落犯罪，他也下令至少要拯救一些堕落的人。前一道法令是先于后一道法令还是继承了后一道法令？根据堕落前预定论，拯救一些堕落者的法令先于允许犯罪的法令；堕落后预定论（infralapsarianism）的观点则相反。堕落前和堕落后之间的争论有时被当作是新教经院哲学盛行的一个例子。这在一定程度上是因为，我们很难认清这场辩论。这里的主要问题是"先行"和"继承"。正如争论者所看到的，这不是通常时间意义上的先后（不是上帝在某一时间颁布了他的法令的一部分，而在后来颁布了一部分）；他们因而主张这里的先后是逻辑意义上的。如卡尔·亨利（Karl Henry）所说，"术语堕落前和堕落后规定，上帝下令拣选某些人得救在逻辑上是出现在创造和允许堕落的法令之前还是之后"。但这意味着什么呢？难道意味着一条法令蕴含但不蕴含于另一条法令？那么显而易见，堕落后主义者会认为允许堕落的法令蕴含但不蕴含于拯救一些堕落者的法令。堕落后主义者可能是被误导了，但他们并非完全迟钝；诚然，他们看到上帝命令拯救一些堕落者的主张必然蕴含但不蕴含于上帝命令允许一些人堕落的主张；但那也可被推测为与他们的堕落后预定论相兼容。那么，这一质疑意味着什么呢？

　　一个可理解的回应是，这争论所意味的并不重要，这个问题关乎完全神秘的事，对此《圣经》都几乎缄默不语。为什么要在这样的问题上面浪费时间？这不就像在争论有多少天使能在大头针的针头或者在针尖上跳舞吗？我对这样的回应表示一些同情。但是，我认为我们能够看到哪种观点是正确的，以及相关的重点类型是什么。我们能够通过思索恶的问题来判断哪一个才是正确的观点。

苦难与恶

最近不堪回首的 20 世纪展示了极其骇人听闻数量和种类的苦难与恶；之前没有哪个世纪可以与之相比。当我思考这个问题时，我认为苦难包含任何种类的疼痛或不适：由疾病、伤害、压迫、过度劳累、年老、为罪悲伤、对自己或自己命运（或身边人的命运）失望、孤独、孤立、背叛、单恋，以及对他人痛苦的意识所引起的疼痛或不适。另一方面，我想到的恶，主要是指自由受造物所行的错事以及（或者）表现出恶毒的性格特点。疼痛和苦难往往是恶的结果，比如说我们这个世纪将会记住的一些事件——大屠杀和种族灭绝。当然，尽管有许多苦难和恶是平庸无奇、司空见惯的，但也依然是恶。

并不只有 20 世纪以苦难和恶为其特点。基督徒和其他信仰上帝的崇拜者长期以来一直对它的存在、它的数量、或它的某些特别令人发指的表现感到困惑和茫然，其中一些表现是如此可怕以至于把它们置于学术讨论的背景中似乎都是冷酷无情的。上帝为什么允许恶？或者为什么允许如此之多的恶？或者为什么允许如此种类繁多的耸人听闻的恶？这样的茫然不解在《圣经》中屡见不鲜：或许在《诗篇》和《约伯记》中最为典型，尽管其他经文也有体现。这样的困惑绝不只是理论上的：当一个信徒面对自己或所爱之人生活中特别可憎的苦难或恶的例子时，她会倾向对上帝持一种自己厌恶的态度：不信、怀疑、怨恨、反叛。人在这种状况下虽不至于怀疑上帝的存在或甚至仁慈，但可能会抱怨上帝，不信靠他，提防他，不能将他设想为慈爱的父亲，却以为他在袖手旁观、隔岸观火。

现在有不少人强调，关于苦难和恶（简言之就是"恶的事实"）的程度、种类、持续时间以及分布的知识会使信徒面临另一个相当不同的难题。

他们主张，恶的事实能够成为一个强有力的论证的前提反对上帝存在，也就是反对一位创造了这个世界并且爱他所造一切事物的全能全知全善的位格的存在。这堪称一种"反神学"的论证。反神学论证可以一路追溯至古代世界，至少是追溯到伊壁鸠鲁，18世纪的休谟还在重申他的论证。伊壁鸠鲁的古老发问仍未得到解答：是否他愿意阻止恶却无能为力？那他就是无能。是否他有能力阻止恶却不愿意？那他有恶意。是否他既有能力又愿意？那么恶从何而来呢？此声称是，恶的事实构成了一神论者所充分了解的一神论信仰的一种否决因子，如果构成了一神论信仰的否决因子，那也就构成了基督教信仰的否决因子。基督徒可能会觉得这个论点不那么令人信服。但他们也可能发现恶的事实令人不安，不管是从实践还是理论的角度看；理解恶及其在上帝世界中的位置是基督徒的一个重要目标，在这一点上，哲学家或许能提供一些帮助。

　　基督教哲学家在很大程度上致力于护教的努力，驳斥不同版本的从恶而来的论证。这些反驳的形式有几种。一种回应指明了某类特定的善，并认为上帝不可能在不允许恶的情况下创造一个展示这种善的世界。因而这个世界或许是一座塑造灵魂的山谷，通过恶和苦难允许人类成就某种可取的灵性状态，除此以外他们都不可能成就。或者，恶源于受造物的自由意志，上帝想要一个世界，在这个世界里有自由的受造物，他们自由地服从他的命令，并与他建立位格关系；但受造物是否自由地遵守上帝的命令并不取决于上帝：这取决于受造物自身；而自由的反事实条件是这样的：上帝无法在不允许恶的情况下实现一个拥有自由受造物的真正美好的世界。还有一种"蠓虫回应"：上帝允许恶是有原因的，但他与我们之间的认知距离使我们不要妄想知道这些原因是什么，或者为什么它们要求他允许我们看到的恶。还有另一种回应：特纳（Donald Turner）主张（表达得较为粗略和不够准确），也许上帝创造了与一切可能世界相对应的具体世界或宇宙，它们总体而言是善的。当然，其中一些世界将包含大量的恶（和更多的善）；我们的世界就是那些世界中的一个。

　　这些回应是有用和重要的。但除了驳斥这些论证以外，基督教哲学家也当转向一个不同的任务：从一种基督教的视角来理解我们世界所展现的恶。诚然，反有神论论证是不成功的；但基督徒该如何看待恶？因此我想提出另一种回答，或者更确切地说，我想另起炉灶，提出一种和我们已经共存很久的回答，以供进一步的思考。我并不声称这种回答解答了我们的所有问题或解除我们的所有疑惑。然而，它确实在一些方面做出了贡献，在接下来的内容中，我想探索它，看看它能给我们带来什么。

假设我们首先这样考虑这个问题。上帝打算创造一个世界，要做到这点，他必须弱实现一个可能世界。上帝考虑了不计其数之多的所有可能世界，每一个都有不尽相同的卓越或价值。我们该怎样理解一个可能世界的价值或善？对，一方面，什么类型的事情是善、有价值，或卓越的，另一方面，什么类型的事情是糟糕、不悦，或可悲的？答案显而易见，（也许在其他事情中的）事态是善好和糟糕的。约翰处在疼痛之中是一个糟糕的事态，而约翰英勇地处在疼痛之中是一个善好的事态。有许多人按照爱的法则来对待彼此是一个善好的事态；有人恨上帝和彼此是糟糕的事态。既然可能世界就是事态，它们就正好是善好或糟糕、有价值或无价值的事情。或许不存在最好的可能世界（存在着并列，或者，对于每个世界，不管有多好，都有另一个更好的），但无论如何，上帝在创造时，打算并要去实现（弱实现）一个真正美好的可能世界。

我认为，在这些可能世界中，有许多是这样的，上帝没有能力弱实现它们。我已经在其他地方论证过了，这里我简述一下。对于一个给定的可能世界 W，设 T（W）是上帝在 W 中强实现的最大事态。假定有重要和真实的自由的反事实条件，上帝能够弱实现一个给定的可能世界 W，仅当反事实

（1）如果上帝强实现 T（W），那么 W 是现实的

为真。现在有这样的可能世界 W 和 W＊，上帝在 W 中强实现了和 W＊中相同的事态。也就是说，有许多这样的可能世界 W 和 W＊，其中 T(W) ＝ T（W＊）。在 T（W）＝ T（W＊）之处，（1）和

（2）如果上帝强实现 T（W＊），那么 W＊是现实的

当然不可能同时为真。那是因为不可能 W 和 W ＊都是现实的。因此，要么 W 要么 W ＊是上帝未曾实现的一个世界。按照弗林特（Thomas Flint），我们可以说，上帝曾弱实现的世界是可行世界。所以，在创造时，上帝的目的是创造一个极其好的可行世界。

目前为止，一切顺利。但在诸世界当中使之为好的性质是什么呢？什么种类的特征使一个世界比另一个世界更好？这里你会想，比如说，受造物的幸福程度。一个受造物幸福程度很高的世界（就是说，一个这样的世界如果是现实的，那么就会有许多幸福的受造物）远比受造物幸福程度很少的世界更好。为一个世界的善好所依赖的其他特征还有美、正义、受造物的善、职责的履行等等。遵守神圣法则去爱上帝高于一切，并爱人如己的受造物（这大概不仅适用于人类，也适用于其他理性的受造物——天使，我们宇宙中其他理性的物种，如果还有其他物种的话）的存在，也将是一个世界的善好或卓越的重要决定因素。当然，世界也存在坏的特征：包含许多苦难、痛苦、受造物对上帝的排斥、仇恨、罪恶，以及类似的东西。从根本上说，某个世界 W 是比某个世界 W ＊更好的一个世界，只要上帝喜悦 W 的现实性胜过 W ＊的现实性。

然而，以上造就善好特质的列表，忽略了最重要的两个。第一，任何有上帝存在的世界，都比任何没有上帝存在的世界要有价值得多。根据上帝必然存在的传统教义，当然，上帝既是具体的，也是必然存在的，也是唯一表现出这两种特征的存在。如果这个教义是正确的，那么就没有任何一个世界是不存在上帝的。进一步说，不管是否存在这样的世界，上帝将只能在他存在的世界中选择；因此，这个使世界伟大的特征，并不特殊地，将会出现在他选择弱实现的任何一个世界中。

然而，考虑到基督教信仰的真理，我们世界还有一个造就善好的偶然特质——一个没有出现在所有世界中的——它远远胜过我们世界包含的其余所有的偶然事态：难以想象的神圣道成肉身和赎罪的伟大之善。耶稣基督，神圣三一的第二位，无与伦比的仁慈、圣洁，以及无罪，愿意虚己，取了我们肉身的样式并成为一位凡人，去受难和死亡好叫我们人类能够得生命并与天父和好。为成就这点，他愿意经历我们甚至不能想象的严重和强烈的痛苦，甚至包括令人心碎的高潮，被天父上帝亲自离弃："我的神，我的神，为什么离弃我？"天父上帝，全宇宙的第一存在，完全得仁慈和圣洁，全能全知，愿意允许他的儿子去忍受这种苦难，他本身也忍受了巨大的苦难，为的是叫我们人类与他和好变得可能。并且，这点面对着我们已经背离上帝，拒绝了他，在罪中沉沦，甚至，倾向于厌恶上帝和我们的邻舍的事实。会有可与这相比的爱展示出来吗？就目前而言，一个世界会有可与这相比的造就善的特性吗？

假设我们思考这些要点更多一点。我们只考虑上帝存在于其中的世界；就目前而言，假设传统一神论是正确的，且这些就是存在的全部世界。要注意的第一件事，我认为，就是所有的这些世界——所有可能世界，因此——是非常好的。因为上帝不仅在仁慈和圣洁上面，而且在能力和知识上面都是无限的；而且，这些属性对他来说是必不可少的；我相信，这意味着，上帝不仅创造了一个非常好的世界，而且在任何条件下，他都不会创造一个不太好的世界。他创造这样的世界是不可能的；上帝创造的每一个可能世界都是非常好的。因为每一个包含受造物的可能世界都是这样一个世界，以至在宽泛的逻辑意义上，上帝都有可能弱实现它；没有一个世界是上帝的仁慈、爱或怜悯所不可能实现的。因此诸可能世界之间不分价值等级，以便上帝不能实现其价值低于这个等级的可能世界（以便某些可能世界低于该等级）。没有哪个级别的可能世界会被上帝的爱和仁慈去阻止实现。全部可能世界，我们可以说，都是符合条件的世界：上帝的仁慈、怜悯，还有爱会允许他去实现的世界。

现在我不是要故意主张，每个可想象的或某种程度上可能的世界都是非常好的世界。或许我们能想象或在某种程度上构想这样的世界，在里面唯一存在的事情就是人们总是处在剧烈的痛苦中。然而，如此这般的世界事实上是不可能的，只要上帝，如我们所设，是一个必然的存在，他本质上必须拥有诸如无限的仁慈、爱、知识，以及能力这样的属性。因为首先，每个世界当然包括上帝的存在。但是任何世界都不会只包含上帝和总是处在剧烈痛苦中的受造物：上帝不会创造这样的世界。因此也许存在着可想象的或者甚至可能的不是很好的世界；但事实是，这样的世界是不可能的。一切可能世界都非常美好。

当然，上帝也有可能避免完全创造。然而即使他这样做了，世界仍然会很好；因为他自己的存在一定是现实的。事实上，任何有上帝存在的世界都是在善的意义上有无限价值的。我并不是主张我们可以把康托尔数学范畴中的无穷应用到这些话题上。我并不是说善有适当的单位——比如幸福——以致于任何包含上帝的世界都显示出无限多的这些善的单位。然而，在善、爱、知、能等方面无限的上帝却存在于任何这样的世界中；因此，我认为，凡只有上帝存在于其中的事态，其价值本身就是无限的。

但这里的"无限"是什么呢？我将其理解为，上帝展示这些造就伟大的属性时不存在非逻辑的限制：他的善、爱、知识和力量没有非逻辑的限制。由此我相信，任何只包含上帝的事态——任何事态都是现实的，如果上帝不是什么也没创造——在一个合理的意义上也是价值无限的。这并不是说任何这样的世界 W 具有最大的价值，以致没有比 W 更好的世界。相反：一个还包含非常好的受造物——或许是自由的，总是做出正确选择的受造物——的世界，将是一个比 W 更好的世界。不：它是别的东西。这么来看，设想一个可能世界 W，再设想仅仅由 W 所包含的自由受造物的存在和属性组成的事态 W−。我们再假设我们有一种一致的蕴含感，其中 W−并不蕴含上帝的存在，尽管后者是一种必然的事态（我相信有这样的感觉，但没有空间在这里追究此事）。现在世界 W 在价值上无限的方式是 W−，无论多么好，也无论它展示了多少具有极佳属性的美妙受造物，都不如上帝存在所构成的事态好。我们可以说，这样上帝存在的善与受造物的善是不可比较的。但它也与受造物的恶不可比较。无论 W−包含多少罪、苦难和恶，它都被上帝的善远远胜过，所以 W 是一个美好的世界，确切说来，是一个非常美好的世界。由此再一次得出，每一个可能世界都是一个非常美好的世界。

但这并不意味着没有哪个世界比其他的更有价值。事实是：有些可能世界比其他的要好得多。因为我们的世界还有另一个非常动人的造就善的特征，一个只存在于一些而不是所有可能世界中的特征。这就是神圣道成肉身和赎罪的崇高而宏伟的仁慈。根据传统的基督教看待这个问题的观点，上帝没有义务为他的犯错的造物提供救赎的途径。哪怕不制订这样一个使我们这些有罪的造物能拥有生命并与上帝和好的精妙的计划，也是符合他的爱、善和仁慈的。因此，在一些可能世界中，有些自由的造物误入歧途，却无法赎罪；在这些世界里，所有这些自由的造物都要承受他们犯罪的后果，最终与上帝隔绝。我认为，这样的世界不如——也许远不如——一个让犯罪的造物从罪中得到救赎和拯救的世界。

事实上，我相信我们可以再进一步。我相信，任何有道成肉身和赎罪的世界都比没有道成肉身和赎罪的世界更好——或者说，无论如何，比上帝没有做任何能与道成肉身和赎罪相当的事情的世界更好。很难想象上帝能做什么能在实际上与道成肉身和赎罪相媲美的举措；但也许这只是我们想象力的一个局限。但既然这是如此难以想象，我建议我们忽略那些可能世界，如果它们存在的话，在其中，上帝并没有安排道成肉身和赎罪，而是做了其他类似卓越的事情。因此，请考虑一下道成肉身和赎罪的壮观而仁慈的奇迹。我相信，这一事态的伟大之善，就如神圣存在本身的善一样，使它的价值与造物的善恶事态的价值不可通约。因此，造物善的任何总和都无法匹配道成肉身和赎罪的价值。无论一个世界上有多少杰出的造物，无论他们的生命多么丰富、美丽和无罪，他们生命的总价值也不会与道成肉身和赎罪的价值相匹配；任何有道成肉身和赎罪的世界，都会更好。而不管一个世界包含了多少恶，多少罪和苦难，坏的总和会被道成肉身和赎罪的善所胜过，由此，这个世界实际上仍是非常好的。因此，从这个意义上说，任何有道成肉身和赎罪的世界，都是有无限价值的，因为它包含了两种价值无限的善：上帝存在，以及道成肉身和赎罪。在这个假设下，在可能世界中存在有某个卓越或善的等级 L，这样，在该级别或以上的所有世界都包含了道成肉身和赎罪。这堪称"强价值假设"，并且称任何价值等于或超过它的世界为一个理想的世界。

　　我倾向于接受强价值假设，但我不需要那样强的论据来支持我的论证。我可以持弱一些的论据。对比两种可能世界。在第一种中，有一种自由的造物，他们永远只做正确的事，他们生活在与上帝以及彼此的爱与和谐中，让我们加上一句，他们一直这样做，直到永恒。现在，对于这一类的每一个世界 W，都有第二类的世界 W∗。在 W∗ 中，上帝创造了与 W 中完全相同的造物；但在 W∗ 中，这些自由的造物反抗上帝、背弃上帝，沉沦于罪与恶。然而，在 W∗ 中，上帝慷慨地提供了一种救赎的方式，即道成肉身和赎罪。我的主张是，对于任何这样的世界 W 和 W∗，W∗ 都是一个比 W 更好的世界。与强价值假设不同，这个主张并不需要每一个有道成肉身和赎罪的世界都比没有它们的世界更好，也不需要存在这样一个价值等级，即每一个在该等级或高于该等级的世界都包含道成肉身和赎罪。然而，它所暗示的是，不存在这样的价值等级，在该等级或其以上的任何世界都不包含道成肉身和赎罪。可称之为温和的价值假设。

　　但我的论证甚至不需要温和的价值假设。它真正需要的是，在价值伟大的世界中，有些世界包括道成肉身和赎罪。事实上，我们可以更进一步：假设所有包括造物的可能世界为使上帝实现它们都是足够好的世界，对我的论证来说，真正需要的是道成肉身和赎罪是可能的，即存在包含它们的可能世界。因为，根据基督教思想，这种事态是现实的，它是更有可能的。

　　我将在强价值假设下进行论证，只是提醒读者，论证也可以在温和或弱假设下进行。在强假设下，任何表现出道成肉身和赎罪的世界，其价值都将超过任何没有这些特征的世界。甚至，也许道成肉身和赎罪（即涉及圣父和圣子行为的复杂事件）的价值是如此伟大，以至于它发生的任何世界都与其他任何世界一样有价值，因此，所有出现赎罪的世界的价值都是平等的。然而，我们不必那么绝对；更审慎地说，有赎罪的世界的价值超过了无赎罪的世界的价值，而前者的价值以这样一种方式聚集在一起，虽然有些世界可能比其他世界更有价值，但没有一个世界远远比其他世界更有价值。更适当地，我们可以简单地说，所有存在着道成肉身和赎罪的世界都是具有非常伟大的善的世界，达到了善的等级 L，而没有道成肉身和赎罪的世界都达不到那个等级。

因此，如果上帝打算实现一个真正美好的可能世界，一个价值超过 L 的世界，他将创造一个包含了道成肉身和赎罪的世界。但当然，全部有道成肉身和赎罪的世界都包含着恶。因为赎罪就是一件把造物从他们罪的后果中拯救出来的事；因此，如果没有恶，就不会有罪，也就不会有从罪的后果中被拯救出来，因此也就没有赎罪。因此，赎罪的一个必要条件是罪与恶。而所有理想的世界都包含着赎罪；因此，所有理想的世界都包含着罪和恶，以及随之而来的苦难。没有罪和恶，你不可能有一个价值超过 L 的世界；罪与恶是每一个真正美好的可能世界价值的必要条件。这正是因罪得福！但这给了我们一个非常直接和简单的对"为什么世界上有恶？"的回答。回答就是，上帝想要创造一个理想的世界，想要实现所有可能世界中最好的一个；所有这些世界都包含着赎罪，因此它们都包含着罪和恶。我曾在其他地方宣称，神义论是不成功的："在这里我必须说，大多数试图解释为什么上帝允许恶的尝试——我们可以称之为神义论——给我的感觉是不冷不热、肤浅，而且根本是轻浮的。"但是，前文不是为我们提供了"为什么上帝允许恶"这个问题的答案吗？答案是：因为他想要实现一个价值大于 L 的可能世界；但所有这些可能世界都包含道成肉身和赎罪；因此，所有这些世界都包含恶。所以，如果神义论是解释为什么上帝允许恶的一种尝试，那么我们现在看到的正是一种神义论——而且如果我是对的，一个成功的神义论。

作为一种奖励，我们得到了一个关于堕落前/堕落后之争的明确解决："堕落前"是对的。上帝的根本和首要意图是实现一个极好的可能世界，一个价值超过 L 的世界；但所有这些世界都包含道成肉身和赎罪，因此也包含了罪和恶；因此，提供道成肉身和赎罪以及因此而来的救赎的法令先于允许陷入罪恶的法令。这里所讨论的优先不是时间性的，也不完全是逻辑性的；更确切地说，这是一个终极目标与近期目标的问题。在这里，上帝的终极目标是创造一个具有一定价值水平的世界。这个目标要求他的目标是创造一个有道成肉身和赎罪的世界——这转而又要求有罪和恶。因此，对于提供救赎的法令先于允许犯罪的法令，这里有一种明晰的意识；但对于允许罪的法令先于允许恶的法令没有类似的意识。

在我们转向反对意见之前，还有最后一点。在教宗约翰·保罗二世（John Paul II）最近的一封关于苦难的基督教意义的使徒书信《论得救恩的痛苦》（"Salvifici Doloris"）中，我们读到了这一点：每个人也都被召来分享成就救赎所经历的苦难。他蒙召是要与众人同受患难，因这患难，众人的苦难也都被补偿了……这样，每个人在他的苦难中，也能成为基督救赎性苦难的分享者。

这里的暗示似乎是，我们人类，凭借受难，能加入并参与，能为救赎人类的神圣受难做出贡献。这似乎暗示基督的受难和献祭在某种程度上是不完全的：如果我的贡献是真正有用的，那么在某种意义上，基督自己在赎罪中所做的，难道不应有所缺欠吗？从基督徒的角度来看，这似乎有点可疑。但使徒保罗也提出了同样的主张，他的凭据在这里是毋庸置疑的："现在我为你们受苦，倒觉欢乐，并且为基督的身体，就是为教会，要在我肉身上补满基督患难的欠缺。""关于基督的患难，还有什么缺欠呢？"还会缺欠什么呢？这种缺欠会是什么呢？

从目前的角度来看有一个答案：理想的可能世界，那些价值超过 L 级的世界，也包含了受造物的苦难，罪的受害者和犯罪者的苦难。这种苦难是所讨论的世界的善好的必要条件。因此，在苦难中，我们这些受造物可以像基督一样。我们可以加入并分担他的救赎行动。所以，要实现一个理想的世界，需要的不仅仅是基督的患难。所有这些世界都包含着赎罪；所以它们都包含着神圣的患难；但它们也都包含了受造物的苦难。因此，受造物可以通过以下方式来补满基督患难的缺欠：存在一个关于真正的善（理想）的可能世界的善的、不会且不能被基督的患难满足的必要条件；它要求受造物也遭受苦难。正是在这个意义上，保罗和我们其他人能够补满基督患难的缺欠。

反对意见

因此，因罪得福的路径似乎能为我们提供一种神义论。但当然，只有当它本身不存在致命缺陷时，它才能恰当地做到这点。是这样吗？反对意见可能是什么？对于这种思路，至少有三种主要的反对意见，或者可能有三种难以回答的问题。第一，为什么上帝除了允许罪和恶之外，还允许苦难？第二，为什么上帝允许这么多的苦难和恶？第三，如果上帝允许人类受苦和恶，是为了实现一个有道成肉身和赎罪的世界，那他不就是在操纵、算计、把他的创造物当作手段而不是目的吗？有一种名为"代理型孟乔森综合征"的心理疾病，父母伤害孩子，然后把他们送进医院，以显得英勇并获得关注；这难道不是有些相似吗？为了保证条理分明，我将按顺序逐一介绍这些问题。

为什么允许苦难？

前文所述，因罪得福的思路提供了一种神义论：一个关于问题"为什么上帝允许恶？"的答案。但恐怕一种严肃的神义论还必须回答其他问题：如，为什么上帝允许如此多的恶，为什么上帝允许苦难？即便承认没有恶就不能赎罪；为什么还需要受苦？道成肉身和赎罪需要罪和恶，为什么认为它还需要苦难？如果上帝允许罪与恶作为道成肉身和赎罪的机会，但没有苦难，宇宙难道不是会更好吗？也许因罪得福的思路解释了罪与恶的存在；但它对解释苦难何益？

答案有两方面：（a）有道德自由的造物可以自由地作恶，其中一些造物确实为恶，造成了苦难；（b）苦难本身具有工具性价值。因此，首先，某个世界中的一种造就善的特征就是，其中存在着自由和理性的受造物。但是，自由的受造物彼此各异，并非所有的自由受造物在价值（亦即，对它们所存在的世界的价值）上都是平等的。一般来说，自由的受造物越像上帝，他们就越有价值，他们存在的世界也就越有价值。特别的，那些拥有巨大的既能行善也能作恶的力量的受造物，比那些自由但力量有限或贫乏的受造物更有价值。因此，上帝创造了一个世界，其中的受造物至少有两个特征：（a）巨大的力量，包括反抗上帝的力量，以及（b）背弃上帝、反抗上帝、对抗他所重视的东西的自由。因此弥尔顿笔下的撒旦宣称："恶，愿你为我的善！"；由此，他宣布了他的意图，拿起武器反对上帝，抵抗他，试图摧毁上帝重视的东西，全力摧毁上帝的世界，宣扬上帝所憎恶的事物。苦难本质上是一件坏事；因此上帝恨它；撒旦因此打算散布苦难，尽可能多地制造苦难。世界上大部分的苦难都产生自那些积极反对上帝和上帝所珍视之物的受造物的自由行动。但有时自由受造物造成苦难，不是因为他们积极地打算反对上帝，而是因为他们对为了达到自己自私或愚蠢的目的而给别人造成苦难没有任何异议。至少，世界上的一些苦难是由有意义的自由的受造物的自由行动所造成的。

但所谓的自然之恶，那种不能归因于人类自由行动的恶，又该如何解释呢？那些因疾病、地震、洪水、饥荒、瘟疫等而遭受的苦难又该如何解释呢？动物的苦难和自然界所展现的野蛮又如何呢？达尔文发现的让人心烦意乱的姬蜂又该如何解释呢，这种黄蜂把卵产在活毛虫体内，而卵孵化后，蛹就会从里面把毛虫活活吃掉？也许，正如因瓦根（Peter van Inwagen）所言，这就是上帝为一个规则的世界所付出的代价。但这里还有另一个更传统的看法。也许"自然之恶"这个术语用词不当，或者至少，自然之恶和道德之恶之间的对比具有误导性，因为前者实际上是后者的一个实例。我们可以看似合理地认为，比起人类及其行为展现的罪与恶，世界所展示的罪与恶有更深层的层面。根据使徒保罗的说法，整个受造物都在呻吟，因罪而呻吟。有一种传统的观点认为，这类苦难和恶是撒旦及其团伙所为的产物：撒旦是一个强大的非人的自由受造物，早在人类出现之前，他就背叛了上帝；世界所展现的许多自然之恶都是由于撒旦及其团伙的行为。

如今这一观点在西方学术界并不盛行，也没有得到当代知识精英的广泛支持。但不够清楚的是，西方学术界是否有很多反对这一观点的证据。在我看来（一如对于 C. S. 刘易斯和许多其他人而言），这类存在物应参与我们世界历史的想法不是完全不可能，尤其是对基督教一神论而言不是不可能。许多恶都是撒旦及其团伙造成的这种想法，当然与上帝的全能、全知和全善完全一致；此外，对于"我们现在所知道的东西"，它并不像大多数哲学家似乎假定的那样几乎不可能。对它的反对更多是出于可笑的蔑视或本能的反感，而不是出于理性的反驳。他们就像大卫·刘易斯抱怨的那种怀疑的目光——并未经过深思熟虑。但这样的事物应该有多大的证据价值呢？

因此，苦难至少部分来自于自由受造物的行为；也许上帝没有能力创造那种有能力向恶、制造痛苦，但从未实际上造成痛苦的自由受造物。但进一步说，也许即使上帝能创造这样的受造物，他也不愿意，或者不愿意只创造他们。也许一个有自由的强大的受造物犯罪但不造成苦难的世界，并不如他们造成了苦难的世界好；因为苦难本身也具有工具性价值。首先，有些苦难能够提升我们的品格，并为上帝的子民在他的国度里生活做准备，这个世界在某种程度上是一个灵魂训练的山谷，就像约翰·希克和他之前的许多人（包括使徒保罗）所主张的那样。正如因瓦根所建议的，一些苦难也可能是一个规则的世界的代价。但使徒保罗认为，在其他难以捉摸的方面，苦难也具有工具性价值。例如，他认为，我们现在的苦难是一种通向为跟随基督的人准备的极重无比永远荣耀的手段：

> 身上常带着耶稣的死，使耶稣的生也显明在我们身上。因为我们这活着的人，是常为耶稣被交于死地，使耶稣的生在我们这必死的身上显明出来（《哥林多后书》4 章 10 到 11 节，14 节）。我们是……神的儿女，如果我们和他一同受苦，也必和他一同得荣耀。我想，现在的苦楚若比起将来要显于我们的荣耀，就不足介意了（《罗马书》第 8 章）。我们这至暂至轻的苦楚，要为我们成就极重无比永远的荣耀（《哥林多后书》4 章 17 节）。

我们的苦难能使我们得荣耀，为我们成就永远的荣耀；但我们未被告知这是如何运作的：我们的苦难何以成为获得这永远荣耀的手段？其他地方也有一些诱人的建议：

> 使我认识基督，晓得他复活的大能，并且晓得和他一同受苦，效
> 法他的死，或者我也得以从死里复活（《腓力比书》3 章 10 到 11 节）。

　　我认为这里的建议有三。第一，有这样一种观点认为与基督一同受苦
是获得"从死里复活"（即救赎）的一种手段。第二，追随者与基督一同受
苦是一件善的事情，因为这是一种与他在极深的层次上相交的方式，也是
他们与基督取得某种一致的方式；第三，在一同受苦的过程中，基督的追
随者在一个重要的方面与基督相似，从而更充分地展示上帝的形象。虽然
这些都不易说明，我仍想就第二个和第三个观点说一点。考虑在基督的苦
难中与他相交的想法，那么：在基督的苦难中与他相交有什么价值？我想，
这个观点只表明，我们与基督一同受苦，从而与他一同最深刻地表达他的
爱，享受与他在其最重要使命上的一致，乃是一种善好的事态；受造物
（他们的罪需要基督的这种行动）与他一同受苦，这是好的。其次，受苦者
在一个重要的方面与基督相似，从而更充分地展示上帝的形象，即：比没
有受苦更充分地展示上帝的形象。基督的使命中一个绝对核心的部分就是
他的受苦；正是通过这种受苦，他解救人的罪，并使人能够与上帝合一。
而如果受造物像基督是一件好事，那么他们在这方面像基督同样是好事。
根据乔纳森·爱德华兹（Jonathan Edwards）的说法，经由我们的堕落和随
后的救赎，我们可以与上帝达到某种以其他任何方式都无法达到的亲密程
度；由于受苦，我们被邀请进入三位一体自身迷人的团队中。根据亚伯拉
罕·凯波尔（Abraham Kuyper）的说法，天使看到了这一点，就嫉妒了。

　　也许成为这个团队中的成员所要求的另一部分是与基督一致，并在受
苦方面与他相似。真正成熟的基督徒，比如圣保罗，会欢迎这个机会。此
外，也许我们所有受苦的人在回想时都会欢迎这个机会。诺里奇的朱利安
（Julian of Norwich）认为，受苦的人将得到上帝的感激，并且理所当然的，
他们宁愿遭受苦难并得到感激，也不愿两者都没有。这也是一种善好的

事态。

我认为，我们在基督受难中的相交和一致，还有在受难中与他相似，都是善好的事态；我并不是说我们能清楚地看到它们确实是善好的事态。我之所以说它们实际上是善好的，并不是因为它们对我们来说是显而易见的善好事态，就像深重的苦难本质上是一件坏事那样显而易见。也许这对某些特别成熟或蒙宠的人来说确实是显而易见的，但对其余的人来说并非如此。所以我并不是因这是显而易见的而这么说，而是因为我们从《圣经》中得知这些是善好的事态——或者严谨点说，从在我看来是对所讨论经文的最优理解中，我们得知了这点。有人可能会反对说，在神义论中一个人不能把自己也不能辨明为善的东西诉诸为善；但为什么要这样想呢？神义论当然会提到那些被公认或者被合理地视为善的东西。而捕获这种信息的方式却无处可寻。

所以，为什么苦难存在于真正美好的可能世界中呢？为什么它们不仅包含罪、恶和反叛，还包含苦难？因为，首先，上帝创造的一些自由的受造物背弃了上帝，他们的行为方式造成了苦难；第二，因为苦难本身具有工具性价值，因此会在真正美好的世界中现身。此外，苦难在几个不同的方面具有工具性价值。除了希克、斯温伯恩和因瓦根的主张之外，还有一个事实是，上帝儿女们的苦难使他们能够与主耶稣基督相交和一致；这也增强了他们身上的上帝形象。

为什么允许这么多的罪和苦难？

但是为什么会有这么多的罪和苦难呢？即使承认每一个真正美好的世界都包含恶和苦难；但为什么必须有这么多可疑的数量，如我们的世界实际上所体现的一样多呢？一个比我们的罪和苦难少得多的世界，即使既包含了道成肉身和赎罪，也包含一些罪和苦难，难道不是一个更好的世界吗？这里有两点考虑。首先，也许自由的反事实呈现为：一个像我们这样美好的世界将包含和我们一样多的罪和苦难。但其次，一个理想的世界会包含多少罪和苦难，也是个问题。这不是一个容易的问题。正如我所说，最好的世界包含了道成肉身和赎罪。但据我们所知，在这样的世界里并没有包含任何最大数量的罪和苦难；也就是说，没有一种罪和苦难的数量，使得这级别中的某个世界包含一个罪和苦难的单位（也许是 turps），且这级别中没有任何一个世界包含更多。也许在某些理想的世界中，每包含一个程度的罪和苦难，就有另一个理想的世界包含更多。同样地，据我们所知，在这些理想的世界里，没有最低程度的苦难。也许在某个理想的世界里，每有一种程度的罪和苦难，就有另一个理想的世界更少。

这与罪和苦难的程度是相容的，在这样的世界里，上下均有界：也许有 a 程度的苦难和恶，每一个理想的世界都包含至少这么多的苦难和恶；而有 a * 程度，没有任何理想的世界包含超过这个数量的苦难和恶。那么也可能是，对于任何给定的恶，上帝本可以在不允许这个恶的情况下实现一个理想世界；这并不是说他允许恶是不正义的。也可能是，上帝本可以实现一个比阿尔法，现实世界更好的世界；这并不是说他应该这样做，因为也许对于每一个可能世界，都有一个他本可以实现的更好世界。

第二个难题是：需要多少罪才能使道成肉身和赎罪有足够理由？假设罪的程度只是一个本来会令人钦佩的天使的一个小失误：这有足够理由让上帝采取如此激烈和戏剧性的行动吗？上帝的这种反应不就有些不恰当，过犹不及了吗？也许吧，尽管人们几乎不知道该说些什么。也许有人会反对，因为上帝的爱是无限的，他愿意忍受包含道成肉身和赎罪的苦难，甚至只是为了拯救一个罪人。也许；但这与上帝在这里的伟大行动拯救了许多人，也许是无限多人的更为恰当的说法是相容的。当然，基督教教义包括这样的教导：人是不朽的，可以与上帝共享永生；达到这种状况的受造物，想必越多越好。正如我们上面看到的，乔纳森·爱德华兹和亚伯拉罕·凯波尔相信，相比没有堕落的受造物，得救的堕落受造物被承认与上帝建立更大程度的亲密关系（可以加入这个迷人的团队）。如果是这样的话，理想的世界无疑会包含大量的罪和恶——也因此，有大量的苦难。那么，一个理想的世界会包含多少罪与恶呢？很难说；考虑到所有这些——我们对有关自由的反事实条件知识的缺乏，苦难在许多方面都具有工具性价值的事实——在我看来，我们根本没有办法估计最好的世界将包含多少苦难，或者阿尔法标准中包含的苦难和恶的数量与那些世界相比处于什么位置。因此，这种反对意见是非决定性的。

代理型孟乔森综合征？

最后，一个一直在喧嚷着无疑地要引起关注的异议；这个异议很有力，但有点难以表述。然而，基本的观点是这样的：在我们思考的场景中，上帝难道不是在利用他的受造物，把他们当作手段，而不是目的吗？上帝有这样一个宏伟的目的：实现一个理想的可能世界（在这个世界中，他偶然扮演了主要的角色）；这就需要他的受造物遭受苦难和恶，而且显然需要大量无辜的苦难和恶，这是公平或者正确的吗？更关键的是，这是否与上帝爱这些受造物相一致？因为根据基督教的信仰，他必然爱他的造物，如果他爱他们，他会强迫他们以这种方式受苦，以便他能达到这些美好的目的吗？或者我们也可以这么说：这个过程中难道没有什么过分的算计吗？这难道不是一种宇宙性的代理型孟乔森综合征的场景吗？这难道不是很像一位把孩子扔进河里，然后英雄般地拯救他们的父亲所为；或者一位医生先传播一种可怕的疾病，随之得以在对抗它时英勇地表现出不顾自己的安全和疲劳的巨大美德？难道我们真的认为上帝会这样做吗？翻阅他能创造的可能受造物的全部范围和他能创造他们的环境，以寻找某些能自由犯罪的，并创造他们，这样他就可以通过拯救他们来展示他的大爱，这怎么可能符合上帝的本性呢？上帝怎么会如此善于操纵呢？

在我的字典里，操纵，在目前的意义上，是"使用不公平的、诡计的或不正当的方法进行管理，特别是为了自己的利益"；而算计行为则"以冷酷的计算为标志，看什么最能促进自身利益"。因此，操纵行为包括通过不公平的手段谋求自己的利益；而算计的问题在于，它是"冷酷无情"的。那么，如果上帝的行为如因罪得福的思路那样，他就会对他的造物不公，而且会以一种冷酷的方式，一种不慈爱的方式行事。因此，目前这串反驳中针对冷酷无情的部分，就可以化约为另一串反驳意见，即对不慈爱的指责。剩下的指责就是针对不公平了。但是，为什么上帝以这种方式对待他的造物是不公平的呢？也许有两个原因：（a）上帝的这种行为方式要求他的造物遭受苦难；而且，上帝以这种方式要求他的造物遭受苦难是为了达到他自己的目的，而不是为了对他的造物有好处，这是不公平的；并且（b）以这种方式将他的造物卷入是不公平的，因为这没有尊重它们的自主性。这两种角度都可以被认为是把受造物当作手段，而不是目的。

当然，你把我当作手段而非目的，并不总是错误的。你雇我给你的花园除草，修理你的汽车，或者指导你的孩子：此时你难道不是把我当作一种手段而非目的吗？你首先考虑的不是，恐怕根本不是我的需求和利益，而是你自己的需求和利益；你让我做一些为你的目的服务的事情。当然，在这些条件下，我可能也把你当作手段：我接受这份工作是为了赚一些钱，使我能够实现自己的一些目标。那么，究竟为什么上帝把他的受造物当作手段是不符合他的特征的呢？也许问题是这样：你要雇我给你的花园除草，我当然可以拒绝；同样，我也不强迫你雇用我。但在上帝那里就完全不同了。他在创造我们之前，在实现这个要求我们受苦的世界之前，并没有征求我们的同意。我们不是自愿接受苦难的；我们别无选择；上帝在实现这个需要我们受苦的世界之前，不会咨询我们。显然，他不可能就我们是否希望被创造在这样一个世界上征求我们的意见，实际上也仍然不可能；这是不是有点不公平？因此，就这一反对观点而言，指控是双重的：（a）上帝要求他的受造物受苦，不是为了他们自己的好处，而是为了推进他自己的某些打算或目的；（b）上帝这样做并没有征求他们的同意。

反对理由的第二部分——即，如果上帝爱他的受造物，他就不会按照因罪得福所设想的那样行事——可以归结为同样的指控：上帝对他的受造物的爱，与他为了推进不能促进受造物的善或福利的神圣目标或打算而要求它们受苦是不相容的。该论点认为，如果上帝像人们说的那样爱受造物，他就不会以那种方式对待它们。玛丽莲·亚当斯（Marilyn Adams）和埃莉诺·斯汤普（Eleonore Stump）都是对恶和苦难有着非凡思考的作家，他们都近似地提出了亚当斯所说的"行动者的主要限制"，即某种程度上一个神圣、公正、慈爱的上帝会如何对待我们。在问及基督教哲学家现在如何才能最好地解答恶问题时，她回答说，他们"应该关注上帝的行动者的主要益处：在可怕的个人苦难面前，这种维度变得如此令人困惑"。斯汤普说，基督教哲学家应该认识到的是，上帝是完全善良的，也是完美的爱，以这完美的爱爱着他的每一个受造物。如果是这样，他会不会允许一个人 S 为了别人的益处而受苦（或者更抽象地说，允许 S 受苦，因为 S 的受苦是上帝能实现的最好世界中的一个元素）？如果上帝完全爱他的受造物，他就不会为了推进一个与行动者自身的福祉没有直接联系的打算或目标而要求其中一个人受苦。上帝不会为了让别人受益而要求我受苦；他甚至不会为了实现一个极其美好的世界而要求我受苦；他不会要求我受苦，除非这种受苦是为了我自己的一些好处所必需的。

目前正如我们所看到的，有些苦难与行为者的益处是直接相关的。但似乎并不是所有的苦难都是。所以假设有些苦难不是。我们该如何思考这个问题？这里我们必须做一些区分。首先，上帝可能，与他的慈爱完全一致，允许我受苦以使别人受益或实现一个理想的美好世界，如果我自由地同意并（像基督一样）自愿地接受苦难。但假设我不是自愿接受的：也许出于这样或那样的原因，我无法做出是否接受所讨论的苦难（也许这种苦难是童年的苦难）的决定。当然，我们有时能很恰当地为一个不能为自己做决定的人（比如，在昏迷中）做出重要的决定；我们试图确定如果这个人能自己做决定，她会做什么决定。因此，进一步假设上帝知道如果我能够做出这个决定，我将自由地接受苦难：那么，就我所见，他的完美的爱丝毫不妨碍他允许我为了他人的益处，或使他能够实现他的实现一个理想的美好世界的目的而受苦。但再进一步假设，如果我能够做出这个决定，实际上我不会接受这种苦难；但假设上帝知道我的这种不情愿只是由于无知：如果我知道相关的事实，那么我就会接受苦难。这种情况下，在我看来，上帝完美的爱同样不妨碍他允许我受苦。最后，再假定上帝知道，我不会接受苦难，而只是因为紊乱的情感；如果我有正确的情感（也足够了解），那么我就会接受这种苦难：在这种情况，就我所见，他的完美的爱依然不会阻止他允许我受苦。在这种情况下，上帝就像一个母亲，坚持让她八岁的孩子上钢琴课，或者去教堂或学校。

还有另一个必须加以区分的地方。也许上帝允许我受苦的理由，不是因为通过经历这种苦难，我可以因此获得更大的好处（例如，享受他的感激之情的好处），而是因为他可以因此获得一个总体上更美好的世界。然而，也许他不允许我为那个超出我自身利益的目的而受苦也是真的，除非他也能从恶中为我带来善。那么，他允许我受苦的理由，并不是说这种受苦有助于我自身的进步；尽管如此，他不会允许我受苦，除非这种受苦能以某种方式对我自己有好处。限制上帝的理由（也许是由他完全的慈爱所引起的）是一回事；对他允许非自愿和无辜受苦的条件的约束是另一回事。回到前面的一个例子，也许上帝看到他能实现的最好的世界是那些包含神圣道成肉身和赎罪这种不可思议的善的世界。假设他因此实现了一个包括道成肉身和赎罪的理想世界，此间的人类陷入罪恶、邪恶并导致苦难。再假设人类在这个世界上的最终境地，优于没有堕落，也没有道成肉身和赎罪的世界；他们接受上帝的感激，享受与他更亲密的关系，被邀请加入这个迷人的圈子。于是，神实现的这个世界就包括许多人的苦难；他允许受苦的理由并不是因此受苦的个人将会受益（他的理由是他希望实现一个理想的世界，一个具有道成肉身、赎罪和救赎的伟大美德的世界）。然而，他的完美之爱也要求他实现一个世界，其间受难者以这样一种方式受益，他们的状况比他们不受难的世界要好。

作为结论："因罪得福"并没有消除所有围绕着人类苦难和恶的困惑；我想没有什么能做到这一点。但也许它能减少困惑，也许它为更深刻地把握苦难和恶的救赎意义提供了方法。

（普兰丁格 著；陈旭荣 译；尹哲 校）

后　记

　　恶的问题常常开始于人的经验观察或者感受，但可感世界中的恶的现象并不自动构成哲学上的恶之难题，因为，只有从至善的存在出发审视，恶的事件才能成为一个实质性的问题，对绝对价值构成致命性的冲击，人们才会把一些发生的事件看作为"恶"的。如果不承认这样的绝对价值，那么恶的现象充其量只构成一种实证问题和历史问题。所以真正哲学意义上的恶问题必然和永恒领域有关，尽管它以此在时间性的生存分析为起点。从这个意义上可以说，在宗教哲学领域恶的问题是仅次于上帝存在问题的第二重要问题。我们还可以发现，古代思想家在探索该问题之谜底时显得淡泊人的名利——他们不是要为人类的福利而思索该难题，也没有为了人的名誉而强调自身的无辜——主要目标是为了捍卫至上存在者的正义属性。直到相对主义和虚无主义随着近代启蒙运动的蓬勃开展而变得甚嚣尘上之后，理论家的关注点才从为永恒价值的辩护转向通过实际行动来克服恶的这个任务上来。所以考察恶问题的目标之不同能够折射出沉思生活与实践生活的分野。普兰丁格对恶问题的考察基本上限于静观生活的范围，没有在实践领域提出克服恶的行动（政治）方案，这是不是传递出，新加尔文主义者试图更好地平衡沉思生活与实践生活的关系，以扭转传统加尔文主义者给人的激进行动者的印象？此外，如果我们坚持加尔文主义与现代性存在亲缘性关系这一立场，那普兰丁格对于启蒙运动所倡导的认识论哲学的抗议就最好理解为现代性内部不同路线之间的区别。另一方面，思想家对恶难题的冥思苦想而不得其解的困扰又使他们逐渐接受人类自身理性的限度，西方思想史中信仰与理性之间张力的形成也许就和对恶难题孜孜不倦的考察有关。

这本书便是对普兰丁格这位当代分析哲学家关于恶难题考察的一种阐述。作为一名典型的归正宗哲学家，普兰丁格的思想代表了新加尔文主义在哲学领域的复兴。他的作品在 20 世纪晚期乃至新世纪初的宗教哲学领域中带有"总结性"的意味，几乎涉及基督教哲学的所有重要主题。记得在读普兰丁格的作品之前，康德是我心目中的哲学权威，普兰丁格剖析康德学说中的缺漏，在我走出康德无谬，乃至启蒙运动和现代性的"神话"的过程中助了一臂之力。从普兰丁格对恶难题的考察中可以看到，借助流行和时髦的哲学方法，对恶问题的理解可以不断地走向纵深，但它的背后需要一种面向永恒的古老信仰提供稳定和持久的动力。确实，哲学方法与理论可以引人眼花缭乱地推陈出新，但它们只是在时间和历史中各领风骚一个阶段而已，而朝向永恒世界的信仰才能胜过时间和历史的检验。倘若普兰丁格对启蒙运动所倡导的认识论哲学并不买账，那便反过来提示，启蒙运动更像是对宗教改革运动所带来的创伤的一种治疗而非对其精神的简单延续。但是，考虑到宗教改革运动之后宗派之间的信仰"内耗"给了哲学和科学以某种摆脱教会控制的"可乘之机"，宗教改革运动确实有助于启蒙哲人批判性的个体心性的成形。某种意义上启蒙哲人对宗教改革运动还是感恩戴德的：他们的宗教批判在字面上针对的是整个基督教的传统，而非宗教改革运动之后的基督教传统。只不过这一点不能简单地用大多数启蒙哲人都认信宗教改革运动形成的基督教传统这点来搪塞。因为启蒙运动的宗教批判最终也不可能真正放过宗教改革运动所形成的教会传统。

能够完成这部作品，首先感谢我在中国人民大学的硕士导师孙毅副教授，正是他将我引入基督教的研究领域，并把普兰丁格推荐给我。孙老师还帮助我争取到去海外学习的机会，老师为人为学的很多方面都值得我不断学习。另外感谢香港中文大学崇基学院以及香港道风山汉语基督教文化研究所对我学习的资助，尤其是在资料方面。还要感谢美国圣母大学的宗教哲学研究中心给我提供一年的访学机会，在那里我参加了普兰丁格主持的研究生讨论课并得到他亲自指导。在这里也衷心祝愿普兰丁格老师永远健康，永葆童心！来到湖南师范大学公共管理学院工作以后，感受到了这个大家庭的温暖。这本书肯定还存在着许多进步的空间，诚请学者专家不吝批评指正。

尹　哲

于湖南师范大学公共管理学院